Les trois sagesses chinoises

Cyrille J.-D. Javary

Les trois sagesses chinoises

Taoïsme, confucianisme, bouddhisme

Albin Michel

Note sur la transcription des idéogrammes

Principalement à l'intention des lecteurs désireux d'approfondir leurs connaissances dans le domaine chinois, l'accent a été mis dans cet ouvrage sur la manière dont sont écrites en caractères chinois les notions exposées.

Dans la mesure du possible, la règle utilisée est la suivante : lorsqu'il s'agit d'un nom de personne ou de lieu, il est d'abord cité en utilisant la transcription pinyin officielle. Ensuite, le plus souvent entre parenthèses, viennent les idéogrammes correspondants, avec à leur suite leur transcription pinyin, détachée caractère par caractère, avec l'indication des tons et toujours sans initiale en majuscule. Par exemple : « le moine Xuanzang (玄奘 xuán zàng) ». Dans le cas d'un idéogramme qui a été simplifié, comme il s'agit le plus souvent de notions culturelles anciennes, la forme traditionnelle est présentée en premier, suivie de la graphie simplifiée (précédée de la lettre S). Par exemple : « les *Entretiens* de Confucius sont appelés en chinois *Lun Yu* (論語 lún yǔ), littéralement : "Dissertations (論 S 论 lún) et entretiens (語 S 语 yǔ)" ».

Introduction

On va en Chine au moins pour voir la Grande Muraille et la Cité interdite. Ensuite, s'il reste un peu de temps, lorsque ce ne sont pas des musées ou des sites naturels qu'on visite, ce sont toujours des temples. Certains sont transformés en musées comme le temple du Ciel à Pékin, les temples à Confucius dans chaque ville, les temples aux ancêtres dans les vieux villages préservés ; d'autres, temples taoïstes, bouddhistes, lamaïstes, sont toujours en activité, servis et entretenus par des communautés monastiques au sein desquelles on remarque un important pourcentage de jeunes. Ces temples-là sont fréquentés par une foule bourdonnante de touristes chinois qui, une fois payé leur ticket d'entrée, se transforment souvent en pèlerins. Tenant des bâtonnets d'encens entre leurs mains jointes, ils saluent les quatre directions puis, après avoir glissé leur offrande monétaire dans la boîte transparente disposée à cet effet juste devant le maître-autel, ils se prosternent à genoux, front contre sol devant d'imposantes statues, pendant qu'un officiant en robe de moine frappe un bol de métal pour attirer l'attention de la déité à laquelle le dévot est venu présenter sa requête.

Pour le visiteur étranger, cette profusion de scènes exotiques et vivantes conduit à une double observation. La première est positive : les temples chinois, fermés durant l'époque maoïste, détruits durant la Révolution culturelle n'ont pas disparu. Alors même qu'il semble aujourd'hui que l'argent soit le seul dieu prié sur le continent chinois, on se rassure de voir que les vieux temples de jadis sont toujours là. Ou plutôt qu'ils sont de nouveau là, reconstruits quand ils avaient été démolis, refaits à neuf quand ils avaient été abandonnés, et que l'on s'y presse, jeunes et vieux, touristes chinois et paysans du lieu. À croire que trente années de marxisme athée, de maoïsme antireligieux ont glissé sur le cœur des Chinois comme l'eau sur l'aile d'un canard et que, comme l'a si bien dit Claude Larre, « couchées un temps sous la rafale de la Révolution, les coutumes et les croyances de la Chine traditionnelle poursuiv[ent] leurs vies dans le secret des consciences[1] ». La seconde est rassurante. Le spectacle de ces temples, de ces moines et de ces moniales, de ces cérémonies, nous conforte finalement dans l'idée qu'au niveau du religieux, les Chinois ne sont finalement pas si différents de nous. Bien sûr, leurs dieux sont bizarres, leurs costumes étranges, leurs chants singuliers, mais cela n'est qu'écume : au-delà des particularités culturelles, la spiritualité humaine n'est-elle pas universelle ? Il y a bien une religion des Chinois, et même trois : le taoïsme, le confucianisme et le bouddhisme.

Mais n'est-ce pas un peu superficiel de conclure ainsi ? N'est-ce pas plaquer une grille familière sur un univers dont l'étrangeté est parfois très déconcertante ? La réponse se laisse facilement deviner. La Chine est si particulière, si différente de tout ce dont nous avons l'habitude qu'à l'aborder avec les présupposés de notre culture, nous risquons de ne pas percevoir ce qu'elle a d'original ou, pis, de ne pas nous apercevoir que certains fondamentaux qui nous semblent universels – la conception du divin, la signification de la prière, la fonction d'un temple… – n'y tiennent pas du tout la même place et même pour tout dire n'y existent pas.

Or ce qui fait le plus souvent écran ente notre perception et la réalité chinoise ce sont simplement les mots que nous employons pour rendre compte de termes chinois sans équivalents dans notre langue, ou pour transposer des notions étrangères à la culture chinoise. Des dénominations comme « temple du Ciel », « temple à Confucius », « temple des Lamas » nous paraissent aller de soi, pourtant ces trois édifices sont désignés en chinois par trois idéogrammes différents dont aucun ne correspond vraiment à ce qu'en Occident on nomme un « temple ». Le temple du Ciel s'appelle littéralement « Autel pour le sacrifice rituel au Ciel » (天 壇 S坛 tiāan tán) ; les temples à Confucius sont, tout aussi littéralement, des « Maisons des rites matinaux en l'honneur de la culture littéraire » (文 廟 S庙 wén miào) et le temple des Lamas se nomme en fait « Palais de l'Harmonieuse Entente » (雍 和 宮 S宫 yōng hé gōng).

De la même façon, on entend souvent parler du « dieu de la richesse » ou encore du « dieu de la longévité », personnages dont les statues sont souvent présentes, par exemple dans les restaurants chinois des villes occidentales. Mais s'agit-il de dieux ? Oui, bien sûr, à condition d'écrire ce mot avec une minuscule. Il ne peut évidemment s'agir de Dieu, l'instance suprême des trois grandes religions monothéistes, notion pour laquelle il n'existe aucun idéogramme qui corresponde à ce que représente le mot : Dieu. Absence qui, on s'en doute, a fort embarrassé les missionnaires jésuites lorsqu'ils se sont attelés à la traduction de la Bible et des Évangiles en chinois. Ces statuettes, à nos yeux d'Occidentaux, ont valeur d'idoles, de fétiches, d'amulettes primitives – au point qu'on en arrive parfois à se demander comment un peuple à la culture si ancienne et à la modernité si éclatante peut avoir conservé de manière si vivace des usages si « superstitieux »... Quiconque a voyagé ou séjourné en Chine a pourtant été témoin de comportements qui prêtent à sourire, mais dont il est impératif de tenir compte, particulièrement dans les relations d'affaires : certains jours par exemple ne sont pas favorables à la signature de contrats (les almanachs précisent même les heures propices ou néfastes) ; certains chiffres sont maléfiques, certains objets de mauvais augure (le plus souvent en raison d'associations phonétiques), d'autres au contraire des talismans protecteurs (miroirs que l'on pose au-dessus des portes d'entrée, portraits de Mao accrochés au rétroviseur des voitures, etc.).

Cette question n'est pas récente, on se la posait déjà il y a plus d'un siècle avec une ingénuité toute coloniale : « Le fétichisme est un trait caractéristique des peuples primitifs. Ordinairement, à mesure qu'un peuple développe sa civilisation, il remplace le fétichisme par des dogmes plus relevés. Les Chinois sont les seuls qui aient progressé dans les arts, l'industrie, la littérature, sans abandonner leurs idées fétichiques et même en les développant de plus en plus. Ils en sont encore aux livres sibyllins, aux auspices, aux pénates, aux mânes, aux génies, aux *numina* », pouvait-on lire dans le journal *L'Illustration* en date du 3 novembre 1883[2]. Que faut-il en penser aujourd'hui ? Le problème n'est pas sémantique, il est interculturel.

Sagesse ou religion ?

Pourquoi, jusque dans le titre de cet ouvrage, a-t-il été préféré de parler de « sagesses », plutôt que de « religions » chinoises ? Sans doute parce qu'à la différence de la religion qui se fonde sur un absolu sans compromission possible, la sagesse est un cheminement, une propension, un enseignement.

En chinois, taoïsme, confucianisme et bouddhisme sont réunis par une expression, 三教 sān jiào, qui est généralement traduite par « trois religions », ce qui faisait dire au père Larre qu'« on aura rarement eu la main plus malheureuse pour fournir un équivalent occidental à l'expression chinoise *san jiao*[3] ». Ne serait-ce simplement que parce que aucun idéogramme, en chinois classique, ne correspond à l'idée occidentale de religion. Si l'on consulte un dictionnaire français-chinois, à l'entrée « religion », on trouve alors l'expression 宗教 zōng jiào, un néologisme forgé au Japon au XIXe siècle et adopté par la suite en chinois qui est assez révélateur des difficultés qu'un esprit asiatique rencontre pour se représenter une croyance fondée sur un Dieu créateur et transmise par un Livre révélé.

Dans cette expression, le premier idéogramme (宗 zōng) est formé par l'association du signe général des affaires cultuelles (示) avec, au-dessus, le signe du toit (宀), indicateur de tout ce qui relève de l'ordre privé et familial. Employé seul, le mot 宗 zōng, en tant que nom, signifie « temple ancestral du clan familial » ou « ancêtres et ascendants en ligne directe qui y sont célébrés » ; en tant que verbe, il veut dire « prendre pour maître, pour modèle, respecter » ; ce qui entraînera son usage en tant que sens élargi de « classe, catégorie ; secte, école ; maître d'école ; fondamental, essentiel ». Quant au second terme de cette expression (教 jiào), il signifie simplement « enseignement » – nous verrons plus loin pourquoi. L'ensemble formé par ces deux idéogrammes signifie donc littéralement « enseignement ancestral » ou bien « enseignement fondamental », ce qui, on en conviendra, est assez différent de ce qu'on entend généralement par « religion » dans le monde indo-européen. Matteo Ricci et les premiers missionnaires jésuites arrivés en Chine au tournant du XVIIe siècle ont si bien compris cela qu'ils ont préféré présenter le christianisme aux Chinois non comme une religion, mais comme un enseignement. Le catholicisme est toujours désigné en chinois par l'expression 天主教 tiān zhǔ jiào, littéralement « enseignement (教 jiào) du maître (主 zhǔ) du ciel (天 tiān) ».

Lieux de culte ou salles d'audience ?

La différence entre les religions occidentales et ce que nous prenons comme telles en Chine se lit aussi dans les édifices qui y sont associés et la manière dont ils sont fréquentés. En Occident, églises, synagogues, mosquées sont des endroits par nature séparés du monde profane et où l'on doit se rendre à des moments spécifiques de la journée ou de la semaine. Les temples chinois, Henri Michaux l'a bien remarqué, ne sont pas des endroits sacrés, mais des lieux spécifiques. À l'exception des grandes fêtes annuelles, plus particulièrement bouddhistes, les Chinois ne s'y rendent pas à une date précise ; ils n'y vont pas pour honorer *collectivement* une déité, ils y viennent occasionnellement pour y négocier une affaire personnelle, une demande précise déposée auprès d'entités spécialisées dans la résolution de telle ou telle difficulté. Ce ne sont pas des lieux constitutivement habités par une présence sacrée, mais plutôt des espaces spécialisés où les déités condescendent momentanément à se rendre pour recevoir les doléances des solliciteurs, bref des salles d'audience, comme le résume parfaitement Vincent Goossaert[4].

Or en Chine, plus encore que partout ailleurs dans le monde, une supplique adressée à un puissant doit, pour être entendue, être présentée dans les formes. Il faut donc commencer par attirer l'attention de la déité avec des encens appropriés (leur spécificité est clairement mentionnée sur les paquets qui les enveloppe : tel bâtonnet est propice à la réussite aux examens, tel autre à l'enrichissement de la famille, celui-là à la protection contre les maladies, etc.).

Ensuite, une demande doit forcément être accompagnée par une offrande, symbolique (fleurs, fruits, etc.), mais aussi en espèces sonnantes et trébuchantes. On enregistre son don auprès d'un employé du temple qui, après en avoir soigneusement noté le montant au pinceau sur de grands registres en papier jaune, en avertit la déité en faisant sonner un bol de bronze à l'aide d'un maillet de bois. Alors, il faut se prosterner plusieurs fois, face contre terre. Tout cela n'est pas un rituel religieux, mais politique : c'est en effet ainsi que, jadis, on se tenait en présence de l'empereur. La situation n'est pas définie par une différence de nature (humaine et divine) mais par une différence de statut (puissant et suppliant). C'est pourquoi la statue devant laquelle on se prosterne compte moins par le caractère « sacré » ou « saint » de la déité qu'elle représente que par la capacité de celle-ci à pouvoir répondre à la demande qui lui est faite. Claude Roy raconte qu'assistant au début des années 1950 à la transformation d'un petit temple de village en grenier du peuple, il avait demandé au gardien de cette chapelle si cela ne lui faisait pas trop de peine de voir la statue du dieu local déboulonnée et remisée dans un hangar. « Non, lui avait répondu le gardien, c'était un vieux dieu ; il n'était plus trop efficace[5]. »

Mais alors, puisqu'il ne s'agit pas de religion, que signifie l'expression *san jiao* qui rassemble les trois courants fondamentaux de la culture chinoise ? Un triple enseignement, trois manières de savoir vivre et même mourir. Comme le dit le père Larre, « le confucianisme n'est pas une religion, le taoïsme est un ensemble de pratiques de longue vie avec des aspects religieux, et le bouddhisme, philosophie de l'existence importée des Indes, est ce qui ressemble le plus à une religion organisée à dominante monastique. (...) Ce sont des *enseignements*, parce qu'ils professent, avec autorité, ce qui intéresse en Chine : la signification ultime de la vie de l'être humain, des modèles d'existence. Maintenant que des cultes s'organisent pour fixer l'enseignement et permettre, par la célébration, une communion de vie entre Chinois, rien de plus naturel et de plus nécessaire. Et si par "religion" on entend surtout les aspects cultuels de la vie familiale et sociale, il faut alors, au-dessus des trois religions, établir dans toute son autorité mystérieuse et bien réelle le culte des ancêtres[6] ».

L'enseignement

Le mot français « enseignement » dérive d'une très vieille racine indo-européenne, **sek*, qui disait l'idée de couper, sectionner, et qui a notamment donné «signe». De là, il n'y a qu'un pas à franchir pour en arriver à ce qui *désigne* comme une *enseigne* qui *renseigne*. «Enseigner», c'est donc d'abord signaler, faire connaître, donner une indication qui précise une chose ou une idée, en la *séparant* des autres. Ce n'est que bien plus tard que le mot «enseignement» prendra le sens qu'il a maintenant de transmission d'un savoir ou de connaissances.

En langue chinoise, le champ sémantique est différent. L'enseignement ne s'y enracine pas dans l'idée de dissociation mais d'emblée dans celui de transmission. Le caractère qui l'écrit, 教 jiāo, est composé de deux éléments : à droite, le signe 攵 qui est globalement un marqueur d'autorité ; à gauche, c'est un idéogramme à part entière, le caractère 孝 xiào, qui se trouve être un des maîtres mots de la culture chinoise, un de ses fondamentaux la «piété filiale».

Ce caractère 孝 xiào est lui-même composé par la superposition de deux signes : en haut, le mot 老 lǎo, «vieux et honorable» (nous le retrouverons dans le nom de Laozi) ; en dessous, 子 zǐ signifie «enfant, fils». La combinaison des deux fait naître une image fort significative par la scène qu'elle évoque : un honorable vieillard, à qui l'âge a rendu la marche difficile et qui est aidé par un jeune enfant. Les deux avancent vers l'avenir. «*Piété* filiale», la traduction usuelle de ce signe rend bien mal compte de sa signification profonde : la transmission d'une génération à l'autre.

Le culte aux ancêtres

Comme tout ce que pense l'esprit chinois, cette transmission n'est pas à sens unique, elle fonctionne par aller et retour, et c'est ce mouvement de balancier qui relie la piété filiale avec le culte aux ancêtres, chacun étant la conséquence et le prolongement de l'autre. Par exemple, le grand deuil de trois ans que l'on devait tenir à la mort de ses parents et pendant lequel les fonctionnaires impériaux, tout en continuant de percevoir leurs émoluments, étaient mis en congé pour pouvoir se consacrer à leur souvenir est justifié comme étant l'écho des trois années qui suivent la naissance, lorsque le nouveau-né dépend entièrement de ses parents.

Dans le même ordre d'idées, et toujours façonné par le battement yin/yang, pour l'esprit chinois, les défunts ne sont pas morts : ils sont partis vivre ailleurs, dans un monde invisible qui n'est pas pour autant radicalement séparé du monde des vivants. C'est ce qui fonde le « culte des ancêtres », lui aussi fort mal nommé car il ne s'agit ni d'un « culte », mot qui appartient au domaine religieux, ni d'une superstition spectrale, mais plutôt de la tranquille affirmation d'une infinie confiance dans l'éternité de la vie. Le devoir naturel de la piété filiale, à savoir nourrir et entretenir ses parents devenus trop vieux pour subvenir à leurs propres besoins, ne s'arrête pas à leur décès. Ce qui entraîne une double obligation : d'abord continuer à assurer leur bien-être quotidien dans le monde où ils demeurent et aussi leur donner une descendance mâle qui poursuivra le rituel à son tour.

Cette idée de l'au-delà et l'attitude qui en découle résultent d'un renversement complet de la conception des relations entre les vivants et les défunts qui est apparu sur les rives du fleuve Jaune il y a environ trois mille ans. Auparavant, comme dans toutes les cultures où régnait l'animisme archaïque, les défunts étaient vécus en Chine comme des entités toutes-puissantes qui devaient impérativement être conciliées par des sacrifices et des offrandes. Dans la perspective de la piété filiale, ce rapport de force s'inverse : puisque c'est aux enfants qu'incombe la charge de nourrir leurs parents même après leur mort, ce sont les défunts qui alors dépendent des vivants et non plus le contraire. Enraciné dans cette conception transgénérationelle, le culte des ancêtres prend la forme d'offrandes de nourritures réelles (dont les défunts ne goûtent que la part subtile, la part matérielle étant ensuite dégustée en famille) et aussi de toutes sortes de substituts en papier d'objets de la vie quotidienne et de liasses de billets symboliques qui leur permettront de subvenir à leurs besoins dans le monde où ils vivent. Tout cela étant transmis au moyen du feu, lequel a le pouvoir de rendre les choses invisibles sans altérer leur substance.

Le temple du Ciel

Une autre conséquence essentielle du fondement familial dans lequel se résume la « spiritualité » chinoise dérive de l'homothétie établie entre la structure familiale et la structure étatique. Cette correspondance entre l'administration terrestre et la bureaucratie céleste aboutit à ce qu'il faut bien appeler la « religion laïque impériale », et dont la « cathédrale » est le temple du Ciel, devenu le symbole architectural de Pékin, car il n'y a de temple du Ciel que dans la capitale où résidait l'empereur.

Dans ce magnifique bâtiment, on ne priait… aucun dieu ! Consacré à aucune divinité, le temple du Ciel n'est pas un temple à proprement parler, mais un oratoire privé uniquement consacré au culte ancestral, où l'empereur, dont le titre le plus important est « Fils du Ciel », rendait hommage à son « père », le Ciel. Et c'est pourquoi, comme nous l'avons vu, le nom chinois du bâtiment, « Autel pour le sacrifice rituel au Ciel », ne comporte pas la notion de temple.

Mais quelle était la nature de l'entité à laquelle l'empereur y venait rendre hommage ? S'agissait-il du ciel, ou bien du Ciel ? Il n'y a en Chine qu'un seul ciel et il ne représente ni un dieu ni un lieu. L'idéogramme qui le désigne, 天 tiān, le dit sans ambages. Il s'écrit à partir du caractère désignant l'être humain, 人 rén (les deux pieds écartés bien posés sur le sol). De cette mince silhouette dérive l'idéogramme évoquant la grandeur, 大 dà, qui représente ce même être humain écartant les bras (le trait horizontal), mimant le geste universel évoquant l'idée de grandeur. Pour en arriver au ciel, 天 tiān, il suffit de surmonter le caractère 大 dà d'un trait horizontal, évocateur d'une limite. Voilà qui définit le ciel comme la limite supérieure de la grandeur, définition que chacun peut constater de visu : rien sur terre n'est plus grand que le ciel et qui convient aussi bien au ciel qu'au Ciel, car elle pose un rang, pas une nature.

Confucius parle souvent du ciel, mais pour lui, comme pour tous les philosophes chinois, le ciel n'est pas un dieu, mais le nom donné à une sorte de régulateur impersonnel qui assure la bonne marche des saisons et le bien-être de tous les vivants et qui n'a aucune caractéristique anthropomorphe. « Le ciel parle-t-il ? demandait-il à ses disciples. Pourtant les quatre saisons suivent leurs cours, pourtant les cent créatures naissent[7]. » Parmi les milliers d'histoires chinoises qui racontent cette perception du ciel, André Chieng rapporte celle de cette jeune femme « qui avoue un crime qu'elle n'a pas commis pour innocenter sa belle-mère, elle-même d'ailleurs innocente. Condamnée à mort à l'issue d'un procès truqué, le jour de son exécution, au mois de juin, la neige se met à tomber. L'injustice en arrive à détruire l'équilibre des saisons[8] ».

Les esprits

En octobre 2003, le colonel Yang Liwei, en faisant quatorze fois le tour de la Terre dans une capsule spatiale cent pour cent chinoise, a fait entrer la Chine dans le club très fermé des nations capables d'envoyer un homme dans l'espace. On imagine facilement l'effet que cette prouesse a pu produire sur la fierté nationale… et on peut être assuré que toute la symbolique qui s'y rapportait a été pensée dans ses moindres détails.

Saluant l'exploit, les médias occidentaux ont tous fidèlement rapporté la traduction officielle du nom chinois de cette capsule spatiale, *Vaisseau divin*, sans guère s'étonner de l'incongruité d'une telle dénomination, pourtant sélectionnée personnellement par Jiang Zemin : comment se pouvait-il que le chef d'un parti communiste et d'un gouvernement qui se revendiquent comme marxistes – donc par essence matérialistes et athées – ait donné au fleuron de sa production technologique un nom théologique ? En fait, Jiang Zemin a choisi ce nom pour des raisons strictement sino-chinoises. Et dans ce genre de situation, les officiels chinois, pour éviter d'avoir à expliquer les raisons de leur choix, conseillent aux services culturels des chancelleries de fournir comme traduction un mot le plus compatible possible avec le vocabulaire occidental, de telle manière qu'il soit répercuté sans que personne se soucie de son étrangeté.

Les deux idéogrammes qui constituent le nom de cette capsule, 神舟 shén zhōu, ne sont pourtant pas anodins. Si le second, 舟 zhōu, plutôt suranné, désigne bien un « vaisseau » (pour rendre le côté ancien de cet idéogramme, il vaudrait mieux dire « nef »), le premier, 神 shén, ne fait aucunement référence à ce qu'on désigne sous le nom de « divin » dans le monde indo-européen. C'est un très vieux mot qui désigne les « esprits » en général, au sens chamanique de ce mot. La capsule spatiale chinoise s'appelle donc littéralement « nef des esprits », ce qui évidemment ne fait ni très socialiste ni même très scientifique. Mais Jiang Zemin a choisi ces deux idéogrammes pour une autre raison : leur parfaite homophonie avec une autre expression, 神州 shén zhōu, littéralement le « Continent des esprits », l'un des plus anciens noms que la Chine se soit donnés à elle-même*, avant même de s'appeler *Zhong Guo* (empire du Milieu).

La fusée porteuse ayant, elle, été appelée *Longue Marche* en hommage au formidable mouvement stratégique grâce auquel, durant l'hiver 1934-1935, Mao Zedong a pu sauver l'Armée rouge et la conduire à la victoire finale, l'ensemble constitué par les deux engins formait alors un message d'une importante portée symbolique : grâce à la formidable poussée insufflée par le président Mao, la Chine moderne était enfin redevenue digne de ses plus lointains ancêtres.

Pour l'esprit chinois, les esprits ne sont pas des entités évanescentes mais des phénomènes saisissables, des réalités concrètes, mêmes s'ils se tiennent au bord extrême

* Un nom qui n'a rien de curieux car « la Chine ancienne était une terre des esprits. On vivait avec eux dans un commerce incessant et familier » (Claude Larre, *Les Chinois*, *op. cit.*).

du monde matériel. Qu'il s'agisse des ancêtres dont le nom est inscrit sur les tablettes familiales, des génies tutélaires qui habitent dans les champs, de ceux qui ont élu domicile près des ponts ou au détour des chemins, ou bien des esprits des fleuves qu'il faut honorer par des offrandes substantielles de crainte qu'ils ne débordent et ne noient les villages, tout ce monde-là est rien moins que fantasmagorique, onirique ou délirant, il est quotidien. Et il faut leur ajouter ces humains étranges qui sont passés sur un autre versant de l'existence humaine, ceux que les Européens ont eu la curieuse idée d'appeler les « immortels » dont nous parlerons à propos du taoïsme.

Les gui *et les* shen

L'organisation administrative du monde chinois des invisibles est aussi complexe et aussi hiérarchisée que celle de l'empire. Sans rentrer dans ce dédale que les siècles et les sectes compliqueront à loisir, disons simplement qu'il s'y trouve deux grandes catégories : les *gui* et les *shen* (鬼 guĭ, 神 shén).

Les *gui* sont les méchants. Leur nom, qui signifiait à l'origine « fantômes, revenants, mânes des morts », a vite pris les sens annexes de « diables, démons, mauvais esprits », puis de tout ce qui peut avoir une influence pernicieuse, les comportements rusés, perfides[9].

Bien plus tard, quand la réflexion médicale aura sublimé les connaissances de l'animisme ancien, c'est de ce caractère qu'on se servira pour écrire le nom des énergies yin et yang dont la réunion aboutit à la vie et la désunion à la mort : les *hun* et les *po* (魂 hún, 魄 pò), quelquefois appelées « âmes » végétatives et « âmes » labiles.

Les *shen* sont les bons esprits. Peut-être est-ce parce qu'ils sont plus distanciés du monde humain qu'ils sont pour cela plus révérés et moins craints. L'idéogramme qui les désigne, 神 shén, est formé par l'association du signe général des affaires cultuelles (礻, contraction graphique de 示 shì) avec le caractère 申 shēn, vieil idéogramme dont la graphie était à l'origine associée à celle de la foudre et de l'orage bienfaisant qui abreuve les cultures et apaise les tensions.

Dans la langue actuelle, le mot *shen* recouvre une très vaste plage de sens à l'intérieur de laquelle on peut distinguer deux niveaux principaux : l'un regroupe différentes formes du principe vital dans ses manifestations supérieures à l'être humain ; l'autre dans ses manifestations intérieures à l'être humain. Dans le premier, on rencontrera les « esprits » des monts et des fleuves, les génies des lieux et des choses, les entités et les héros de la religion paysanne, mais aussi tout ce qui relève du surnaturel, du miraculeux et du prodigieux. Dans le second registre, montrant bien à quel point la mentalité chinoise est rétive à cette coupure existentielle qui nous semble si naturelle entre le physique et le spirituel, le caractère *shen* se trouve dans de nombreuses expressions en rapport avec l'intelligence, l'esprit, l'habileté, l'énergie, la vitalité, mais aussi tout ce qui concerne les défunts, les enterrements et la vie après la mort. Un tireur d'élite par exemple sera qualifié de « main prodigieuse » (shén shǒu 神手). Combiné avec le mot 明 míng, qui signifie « brillant », le caractère *shen* forme l'expression 神明 shén míng, signifiant, selon le contexte, les « esprits lumineux », la « lumière des esprits », mais également la «sagesse de la nature» (telle qu'elle apparaît dans les échanges entre le ciel et la terre), et aussi l'«intelligence humaine» (dictionnaire Ricci).

Cet influx vital invisible qui anime toutes choses vivantes s'incarne aussi dans le corps humain. Il suit alors un réseau spécifique qui se nomme 神經 shén jīng, littéralement les «méridiens (經 jīng) des esprits», mais qui en fait désigne le système neveux. C'est ainsi que l'on retrouve ce nom des esprits anciens dans tous les termes modernes traitant du domaine des nerfs, aussi bien au sens physique que pour, par exemple, la névrose qui se dit 神經病 shén jīng bìng, littéralement «maladie (病 bìng) des méridiens des esprits».

Enfin, ce qui contribue à augmenter la confusion à son propos, le caractère 神 shén est couramment utilisé en chinois comme substitut des mots «dieu», «Dieu», «dieux». De là, par association d'idées, c'est toujours ce mot qui est utilisé dans certaines expressions spécifiques aux religions non chinoises; un prêtre catholique, par exemple, est appelé 神父 shén fu, littéralement «père des esprits».

Le tombeau de Fuxi

Huaiyang, dans la province du Henan au centre profond de la Chine, est un endroit curieux. Grosse bourgade éloignée de tout, sans aéroport, sans gare, sans quartiers modernes ni hôtels luxueux, c'est un des cœurs de la civilisation chinoise antique : là se trouve le tombeau de Fuxi, figure primordiale de la mythologie chinoise, premier des souverains fondateurs. Selon la tradition, il vécut de – 2953 à – 2838 et, durant son règne, il apprit aux humains les fondements de la civilisation, les rites du mariage, les techniques de chasse et de pêche au filet ainsi que les huit trigrammes, les figures de base du *Yi Jing*[10]. Bien entendu, Fuxi n'a jamais eu aucune existence réelle mais, comme nous le verrons avec Laozi, le fait de n'avoir jamais existé n'empêche nullement un héros chinois d'avoir une histoire, un village natal et un tombeau.

À Huaiyang, autour du tombeau de Fuxi, depuis 784 avant notre ère, les paysans, chaque année, par dizaines de milliers viennent en pèlerinage implorer ce personnage au pouvoir légendaire. Sur le pourtour du tumulus honoré comme son tombeau, de nombreuses statuettes sont déposées par les pèlerins. On reconnaît Guanyin, la déesse bouddhiste de la miséricorde, Guandi, le saint patron des marchands, ainsi que… Mao. Que fait-il en cet endroit à mille lieues du marxisme-léninisme ? Il joue un rôle totalement chinois. Ces statuettes de Mao ne sont pas des manifestations rémanentes d'un culte politique de la personnalité maintenant passé au rang des cauchemars terminés, ce ne sont pas non plus des ex-voto comme on avait coutume d'en voir dans nos églises ; non, ce sont des intercesseurs : des personnages ayant symboliquement un certain poids, familiers des grands du monde des esprits et dont le rôle ici est d'assurer que la supplique que les pèlerins viennent apporter au puissant Fuxi lui soit bien remise. Dans son principe, comme dans son déroulement, cette démarche archaïque ne diffère guère de celle, bien actuelle, des « plaignants » qui chaque jour viennent déposer leurs doléances aux bureaux des grands ministères de la capitale. « Athée » depuis toujours, la spiritualité chinoise ne s'est jamais représenté le monde invisible autrement qu'à l'image du gouvernement impérial : celui-ci peuplé de puissants, celui-là de puissances, les deux tout aussi lointains et implacables.

Les personnages qui, dans la religion populaire traditionnelle chinoise, nous apparaissent comme des divinités parce que des temples leur sont dédiés et des cérémonies tenues en leur honneur ne sont pas des dieux, mais toujours, à l'origine, des êtres humains. Et s'ils sont honorés, c'est parce que, ayant eu une vie hors du commun, ils sont devenus des *shen*, des esprits bienfaisants, reconnus et intronisés comme tels par le pouvoir politique. À l'inverse des religions monothéistes occidentales qui considèrent comme relevant de la superstition, donc avec méfiance, tout ce qui concerne les « esprits », le pouvoir chinois s'en est toujours accommodé*. Nous allons en voir deux exemples avec des personnages aussi différents que Mao et Mazu, la protectrice des marins chinois tout au long des côtes d'Asie du Sud-Est (et même plus loin puisqu'on trouve des temples qui lui sont dédiés jusqu'au Brésil et en Californie).

Mazu

La biographie officielle de Mazu raconte qu'elle serait née en 960 (au tout début de la dynastie des Song) dans une famille de pêcheurs pauvres. Certains détails de sa

* Tant qu'il en garde la maîtrise institutionnelle. Qu'un mouvement à tendance magico-religieuse en vienne à prendre une importance telle qu'il devienne menaçant, il est alors brutalement réprimé. On l'a vu récemment avec le Falugong, ce mouvement religieux fondé sur le qi gong et persécuté comme « secte » dans les années 1990.

vie varient d'un temple à un autre, mais pour l'essentiel tous disent qu'elle naquit par une nuit d'orage et qu'alors une lumière rouge comme un fanal emplit la chambre. Comme, un mois plus tard, elle n'avait toujours pas pleuré, on lui donna comme prénom Moniang, 没 娘 (méi, ici prononcé mò, niáng) « jeune fille silencieuse ».

Historiquement, Mazu apparaît au tout début de la dynastie des Song, à une époque où, comme nous le verrons, le syncrétisme est au goût du jour. Aussi, pour que chacun y trouve son compte, certaines des biographies de Mazu en profitent pour préciser que, dès son plus jeune âge, elle manifesta un goût prononcé pour l'étude du *dao*, tandis que d'autres insistent sur sa grande dévotion pour les bouddhas. Toujours est-il qu'un malheureux jour, alors qu'elle venait d'avoir seize ans, un violent orage s'abattit en mer où son père et son frère étaient partis pêcher. Au soir tombé, comme ils n'étaient toujours pas revenus, Moniang sortit sous la pluie avec un fanal rouge et monta sur une colline qui dominait la côte pour les guider. Au matin suivant, ils n'étaient toujours pas revenus ; Moniang, dont le fanal continuait de brûler alors que son huile était entièrement consumée, refusa de quitter son promontoire jusqu'à ce que les siens soient revenus. Les gens des alentours, émus par sa piété filiale, venaient lui apporter hommages et nourriture. Elle ne quittait guère sa posture méditative, utilisant les pouvoirs mystérieux qu'elle accumulait par son sacerdoce pour protéger les marins perdus en mer et les guider au travers des intempéries. Elle demeura ainsi jusqu'à sa mort, une dizaine d'années plus tard.

Très vite sa puissance magique fut reconnue et, quelques décennies seulement après sa mort, l'empereur Huizong des Song du Nord (1100-1125) offrit au temple construit sur le promontoire où elle avait veillé une inscription sur laquelle il avait calligraphié de sa main deux caractères, 顺济 shùn jì, que l'on peut traduire par « secours favorable », qui valaient reconnaissance officielle de Mazu comme *shen*, divinité protectrice. Dans les temples qui lui sont dédiés, vénérée sous le nom de Mazu (媽祖 mā zǔ), littéralement « mère ancêtre », elle est le plus souvent représentée sous les traits d'une femme au visage noir, vêtue en impératrice.

Parti de la province du Fujian, son culte s'est ensuite répandu sur toutes les côtes fréquentées par les marins chinois. Il est particulièrement prégnant à Taïwan où il constitue une sorte de référence identitaire pour les insulaires. Parmi les quelque huit cent temples qui abritent sa statue, on en compte plus de cinq cents dont Mazu est la divinité principale. Dans l'île, son « champ d'action » s'est étendu à quasiment tous les domaines de la vie quotidienne. Elle est même intervenue dans l'évolution des relations avec la Chine populaire : en dehors de raisons familiales, les premières autorisations de visite de Chinois de Taïwan sur le continent chinois ont été accordées à des groupes de pèlerins se rendant dans les premiers temples à Mazu dans la province du Fujian.

Mao, un saint Christophe d'automobile

Un soir de l'automne 1993, dans la ville de Canton, un événement très banal eut des répercussions considérables. Deux autobus se percutèrent ; dans l'un d'eux, on compta de nombreux blessés et même des morts ; l'autre n'eut que quelques éraflures. Les deux véhicules étaient pourtant aussi vétustes l'un que l'autre et un seul détail, apparemment sans importance, les différenciait.

Cet hiver-là, on préparait dans toute la Chine le centième anniversaire de la naissance de Mao. On trouvait donc partout des portraits plastifiés du grand dirigeant (mort en septembre 1976), agrémentés de deux glands à franges rouges qui volaient au vent lorsqu'on accrochait le portrait. Or voilà que, justement, un des deux chauffeurs avait suspendu ce portrait-souvenir au rétroviseur de son autobus. Il n'est pas besoin d'être spirite pour deviner de quel bus il s'agissait… La nouvelle se répandit dans toute la Chine comme une traînée de poudre : « Ça y est : Mao est devenu un *shen* protecteur ! »

Mao ayant eu de son vivant une influence tellement déterminante sur la vie quotidienne de centaines de millions de gens, au point d'infléchir l'histoire d'un pays aussi réactionnaire que la Chine, cette force ne pouvait disparaître du jour au lendemain par son simple décès. Changeant simplement de nature, au bout d'un certain temps, elle se transformait en force uniquement bénéfique, capable aujourd'hui de protéger des dangers de toutes sortes, mais surtout des accidents de la circulation.

Cruelle ironie du sort, certes, pour un révolutionnaire ardent dont la pensée politique fut, à une époque, qualifiée de « bombe atomique spirituelle », que de finir en saint Christophe d'embouteillages, mais réalité sinologique indiscutable qui s'enfle d'année en année. Car cette affaire ne s'est pas du tout apaisée avec le temps. Dans les échoppes fréquentées par les touristes chinois, on voit chaque année de plus en plus de talismans Mao, débordant d'incantations à 財神 cái shén, l'« esprit (神 shén) de l'enrichissement personnel (財 S财 cái) ».

Si ces objets sont proposés à la vente, c'est qu'ils trouvent preneurs. Qu'ils soient achetés est, en termes chinois, la preuve de leur efficacité. Mais alors, de quoi témoignent-ils ? Pour répondre à cette question, il faut se résoudre à aller fouiller du côté du taoïsme archaïque, ce fondement de l'âme chinoise qui peine à retrouver sa place dans le tsunami de la modernité.

Le taoïsme

Dans la grande plaine qui s'étend aux alentours de Xi'an, balayée par le vent froid de février, une équipe de paysans s'affairent à creuser un puits, lorsque d'un panier rempli de terre jaune émerge une tête en argile. La découverte rend les paysans fort inquiets. Politiquement, la situation est délicate, car nous sommes en 1973 et la Révolution culturelle fait rage. Il faut éradiquer toutes les « vieilleries » qui empêchent la Chine d'avancer dans la voie socialiste ; or cette tête a l'air bien plus vieille que tout ce qu'on a pu voir, de mémoire de Chinois. Mais, plus grave, elle vient des profondeurs de la terre jaune et est donc en relation avec les « sources jaunes », le royaume des morts. Elle a forcément partie liée avec les fantômes et les *gui*. L'équipe ne tarde pas à se mettre d'accord : il faut l'apporter au chamane du village. En un tournemain, la tête est enveloppée d'un linge, cachée sous une veste et, à la nuit tombée, le petit groupe se rend discrètement dans une maison isolée du bourg de Lintong.

Le chamane leur ouvre. Il est habillé comme tout le monde, veste bleue et casquette prolétarienne – il ne fait pas bon être repéré comme chamane durant la Révolution culturelle. Mais les paysans, en secret, continuent de lui faire confiance. Ce soir-là, ils sont sûrs qu'il saura faire ce qu'il faut pour les protéger contre les fantômes errants que leur pioche a malencontreusement déterrés. Ils lui confient la tête en argile et rentrent chez eux, soulagés. Lorsqu'ils reviennent le lendemain soir avec d'autres morceaux de visages, le chamane leur dit : « Je peux neutraliser les effets maléfiques d'une ou deux pièces, mais vous m'en apportez tellement que l'affaire dépasse mes compétences. Il faut avertir les autorités. » C'est ainsi qu'après ce détour méconnu[1] est apparue au grand jour l'armée spectrale des guerriers en terre cuite qui garde, depuis 210 avant notre ère, le tombeau de Qin Shi Huangdi, le premier empereur de Chine.

Taoïsme ou chamanisme ?

L'une des particularités fondatrices de la civilisation chinoise, comparativement aux autres grandes cultures nées sur le continent eurasien, est sa sédentarité plurimillénaire. Plus profondément qu'aucun autre peuple, les communautés chinoises plongent leurs racines dans le lieu où elles habitent. Aujourd'hui encore, l'identité entre un village et une famille est une réalité profonde. Quand, en chinois, on parle du « village des Zhang », c'est que véritablement dans ce village la quasi-totalité de la population porte ce patronyme. À Shaoshan, le lieu de naissance de Mao Zedong par exemple, aujourd'hui encore les trois quarts de la population (trois cent mille habitants) ont pour nom de famille Mao !

Unie par le même nom, la communauté villageoise se perçoit elle-même comme une communauté familiale.

Elle confirme ce sentiment à des occasions diverses : d'une part, les cérémonies rituelles d'hommage à l'ancêtre fondateur du clan – maillage dans la durée, prolongation du culte ancestral propre à chaque famille – et, d'autre part, celles dédiées à l'esprit du lieu, le *shen* de l'endroit, qui habite par exemple le grand et vieil arbre qui pousse au centre du village – maillage dans l'espace caractéristique des « cultes populaires ».

À la différence des rituels privés, familiaux, de reliement avec les ancêtres qui ne demandent à celui qui en a la charge aucune autre compétence que d'être le fils aîné, le dialogue avec les esprits n'est pas à la portée de tous. Il requiert des aptitudes spécifiques qui s'acquièrent ou se développent à l'aide d'un apprentissage corporel exigeant et d'un enseignement oral qui se transmet de maître à disciple dans une atmosphère de secret, ce que l'on regroupe généralement sous le nom de « chamanisme ».

L'académicien François Cheng n'hésite pas à employer ce mot dans son anthologie de la poésie chinoise à propos des *Chants de Chu*, un grand poème de Qu Yuan (310-278) qui est considéré comme l'œuvre fondatrice de la poésie chinoise : « D'inspiration chamaniste, au rythme long et incantatoire, débordant d'images rêvées ou mythiques, les *Chants de Chu* sont avant tout une recherche de la communion avec les éléments de la nature, transformés en autant d'Esprits, et par là une quête nostalgique du divin[2]. »

Répandu dans toutes les cultures anciennes du globe, le chamanisme est une sorte d'animisme généralisé qui repose sur une triple croyance : tout ce qui vit est composé d'une forme visible et d'une forme invisible ; chez les vivants, la partie visible est prédominante, chez les défunts, c'est le contraire ; certains humains, les chamanes, peuvent voyager entre ces deux niveaux et sont capables d'intervenir dans le monde invisible.

En chinois, les chamanes sont appelés 巫 wū, un caractère qui, à ce jour, n'a pas encore reçu d'explication satisfaisante. Dans l'Antiquité, ils tenaient vraisemblablement un rôle essentiel bien qu'occulte auprès des souverains. À l'époque de la dynastie des Han (206 avant notre ère-220 après), ils avaient toujours une place importante dans les allées du pouvoir comme en témoignent les écrits de Lin Fushi décrivant leurs principales fonctions : jeter des sorts, chasser les démons, procéder aux rites funéraires, prier les esprits pour obtenir la victoire en temps de guerre et pour la pluie en temps de paix[3]. Les Han avait même mis en place différentes structures administratives pour les enrôler et les contrôler : un « bureau des imprécateurs », un « bureau des sacrificateurs », et même un « bureau des femmes chamanes ».

Comme on l'a vu, il n'y a pas, en Chine, de différence essentielle entre les cultes privés et les cultes d'État : le temple du Ciel où l'empereur « officie » est en réalité le lieu où il rend un culte familial à son père, le Ciel. Le culte familial de l'empereur consiste essentiellement à prier pour de bonnes récoltes et est, dans son essence, chamanique. L'actuel temple du Ciel, à Pékin, a commencé son existence vers 145 avant notre ère, quand Dong Zhongshu, un éminent continuateur de Confucius, enjoignit officiellement à l'empereur Han Wudi de construire un petit tertre afin d'y aller, en compagnie des chamanesses, prier et offrir aux esprits de la viande séchée et de l'alcool afin de mettre un terme à une grande sécheresse. Ce Dong Zhongshu, fondateur de l'école philosophico-médicale dite « Yin/Yang-Cinq Éléments », contribua beaucoup à l'instauration du confucianisme comme philosophie d'État : c'est dire qu'il n'y a pas de contradiction entre une philosophie « laïque » comme le confucianisme et le chamanisme.

Du fait qu'il est lié à la personne de l'empereur, ce culte du ciel prend une importance à l'échelle de l'empire, mais cela n'en fait pas un culte public, encore moins une Église d'État. La cour, comme les maisonnées de villageois, fait appel à des chamanes. Par contre, dans la mesure où le monde des esprits est structuré sur le modèle de l'administration impériale (et vice versa), l'État a son mot à dire sur la « mobilité du personnel » dans cette structure administrative céleste. Il tolère les cultes purement locaux mais, dès que ceux-ci commencent à s'étendre et donc à acquérir une signification politique, ils doivent recevoir l'approbation des autorités administratives. C'est à cette lumière, notamment, qu'il faut comprendre l'insistance de la Chine contemporaine à authentifier et contrôler les réincarnations des lamas tibétains.

Sur ce terreau chamanique croissent deux branches du taoïsme. L'une, que l'on pourrait appeler le taoïsme « populaire », est apparue vers la fin du IIe siècle de notre ère, sous l'influence d'un certain Zhang Daoling (34-156). Perdurant jusqu'à aujourd'hui, elle a rapidement pris les caractéristiques extérieures d'une « religion ». Quelques siècles plus tard, pour se défendre contre l'influencc grandissante du bouddhisme, elle en copia toutes les formes extérieures, en particulier vestimentaires et monastiques, comme nous le verrons à la fin de ce chapitre.

L'autre, que l'on peut appeler le taoïsme « lettré », est née de la réflexion des lettrés chinois à partir d'un texte philosophique complexe et de haute volée, le *Dao De Jing*, jadis écrit *Tao Te King*, et attribué à Laozi, censé avoir vécu au Ve siècle avant notre ère. Cette réflexion, vivifiée par des penseurs de premier plan comme Zhuangzi (IVe siècle avant notre ère), se développe tout au long de la période dite des « Royaumes combattants » (403-221) puis durant la dynastie des Han, étendant son influence sur tout ce qui concerne le corps humain, depuis les exercices de santé qui deviendront les arts physiques actuels – tai ji quan et qi gong – jusqu'aux spéculations alchimiques et magiques. Le taoïsme philosophique tenta un renouveau, le néotaoïsme, au moment du déclin de l'empire (IIIe–VIe siècle de notre ère), mais la montée en puissance du bouddhisme ne lui fut pas favorable. Il connut un certain regain grâce au néo-confucianisme (Xe-XIIIe siècle). Bien que resté cher au cœur des Chinois, le taoïsme philosophique est aujourd'hui assez délaissé par les élites cultivées, laissant le champ libre au taoïsme populaire qui sera finalement vers la fin de l'empire, au tournant du XXe siècle, associé au rejet généralisé des formes jugées rétrogrades de la culture chinoise traditionnelle.

Tao, Dao ou dao *?*
Le caractère 道 *dào*

Le taoïsme se nomme en chinois 道家 dào jiā, littéralement « école du *dao* ». Il est donc important de regarder d'un peu plus près ce caractère qui lui sert de nom. Souvent en Occident, les écoles philosophiques sont nommées à partir d'un mot bien spécifique et qui n'appartient qu'au seul domaine qu'il désigne. Ce n'est pas le cas de l'idéogramme 道 dào.

Bien au contraire, c'est peut-être le mot le plus utilisé par les différentes écoles chinoises, de l'Antiquité à nos jours.

Pourquoi ? Parce qu'il est inséparable de l'idée de « conduite juste » – qui est la seule vraie question à laquelle chacune des différentes écoles de pensée ont tenté d'apporter une réponse. Et si le *Yi Jing*, le *Classique des changements*, est considéré comme le livre de base de la culture chinoise, ce n'est pas seulement parce que c'est le grand livre du yin et du yang mais aussi parce qu'il peut être utilisé comme manuel d'aide à la prise de décision, permettant justement de proposer à chacun, en fonction des circonstances qu'il traverse, la « conduite juste », c'est-à-dire la stratégie optimale, le 道 dào approprié. Pour comprendre pourquoi « conduite » est finalement une des significations les plus communes de l'idéogramme 道 dào, il nous faut regarder d'un peu plus près ses différentes harmoniques.

L'un des premiers à avoir montré que les deux éléments dont l'idéogramme 道 dào est composé sont d'égale d'importance est mon professeur Kyril Ryjik[4]. Ces deux composants sont 辶, signe général de la marche, du mouvement en général, et 首 shǒu qui, employé seul, signifie au sens propre « tête, chef, souverain » et au sens figuré « essentiel, capital, principal, originel ».

La combinaison des notions de tête et de mouvement fait apparaître un premier niveau de sens, celui de « chef conduisant la marche » qui, rapidement, amène à l'idée de « conduite de la marche » qui, à son tour, conduit à « voie » (à suivre parce que ayant été tracée par le chef). Enfin, cette voie n'a plus alors que peu de chemin à faire pour en venir à signifier « principe » (qui dirige) et, à nouveau par application, « conduite » (à suivre pour s'insérer harmonieusement dans un tout en perpétuel changement).

Le second niveau de sens de l'idéogramme 道 dào est plus social, voire plus politique. Il signifie alors « règle des actions humaines, doctrine, principe » et surtout

« conduite », au double sens de ce mot en français : aussi bien le fait de conduire un groupe que celui de se conduire soi-même. Il est alors utilisé pour mettre en rapport la conduite de la société telle qu'elle est entraînée par la conduite de son souverain, et la conduite de sa famille par celle du père.

Si toutes les écoles philosophiques chinoises utilisent donc le mot 道 dào au sens de « conduite », la grande divergence se fait entre les confucéens qui considèrent cette conduite comme devant s'engendrer dans le domaine politique, par les comportements personnels vertueux, et les taoïstes qui pensent trouver la conduite juste loin de la société, dans la spontanéité naturelle. Car c'est uniquement dans le contexte spécifique du taoïsme que ce caractère prend une fonction particulière. Il y sert en effet de pseudonyme désignant (pour pouvoir en discourir) le mouvement spontané qui anime tout ce qui existe. Mais ce n'est qu'un pis-aller et les taoïstes n'en sont pas dupes. D'ailleurs, nous sommes avertis dès le premier paragraphe que ce dont traite le *Dao De Jing* est *par nature* bien au-delà des mots :

« Voie qu'on énonce N'est pas la Voie
Nom qu'on prononce N'est pas le Nom (…)[5] »

À la différence de Confucius qui s'appuie sur les mots pour affermir les attitudes, les taoïstes ressentent une méfiance certaine envers le langage qui, pour eux, dénature cet en deçà de tout auquel ils cherchent à se relier. Le *Dao De Jing* non seulement s'ouvre, mais se ferme aussi sur cette contradiction :

« La parole authentique n'est pas séduisante
La parole séduisante n'est pas authentique (…)[6] »

Le mot 道 dào apparaît pour la première fois revêtu de tous ses atours philosophiques dans un texte capital de la fin du IVe siècle avant notre ère, le *Commentaire canonique* du *Yi Jing*, le *Classique des changements*, sous une forme d'une exemplaire simplicité :

一	陰	一	陽	之	謂	道
yī	yīn	yī	yáng	zhī	wèi	dào
un	yin	un	yang	cet ensemble	est appelé	fonctionnement

Diamant de la pensée chinoise, cette phrase a longtemps été mal comprise. Grâce à Jean-François Billeter, nous savons maintenant qu'elle recèle à la fois la profondeur et l'humour des Chinois et qu'il faut l'entendre tout simplement comme : « Une fois yin, une fois yang, c'est ainsi que tout fonctionne. »

Sa particularité est de faire apparaître pour la première fois les mots « yin » et « yang » dans le sens abstrait et philosophique qu'ils allaient garder jusqu'à nos jours. Avant, ces deux mots désignaient simplement les deux versants d'une montagne, celui exposé au sud, l'adret, (yang), celui exposé au nord, l'ubac (yin)[7]. En devenant les emblèmes de l'alternance animant toutes les choses vivantes, ces deux idéogrammes ont acquis un véritable statut dans la pensée lettrée. Cependant, il faut se garder de les lire avec les évidences philosophiques qui nous sont usuelles.

Yin et yang ne sont pas plus des états stables que des attributs, pas plus des opposés que des complémentaires. Pour l'esprit chinois, ce sont d'abord des outils efficaces facilitant la perception du passage continuel de la nuit (yin) au jour (yang), du froid hivernal (yin) à la chaleur estivale (yang), etc. On comprend mieux alors pourquoi les *pires traductions* de ces deux caractères sont « femme » et « homme », catégories parmi les plus fixes sur terre. Et il apparaît mieux alors pourquoi c'est au cœur du *Yi Jing*, le *Classique des changements*, qu'ils ont été d'abord formalisés, exposés et développés.

Emblèmes de l'alternance, yin et yang servent aussi de label de classement. La simplification usuelle de ces deux caractères souligne cet aspect normatif en spécifiant le yin 阴 par le signe de la lune (月) et le yang 阳 par celui du soleil (日). L'habitude fut donc prise de ranger sous l'aile du yin tout ce qui est lunaire, nocturne, mystérieux, intérieur, privé, et sous celle du yang tout ce qui relève du solaire, du diurne, du visible, de l'extérieur, du social, sans que l'aspect classificatoire l'emporte sur l'aspect dynamique. Il sera courant par exemple de dire que le taoïsme est le versant lunaire de l'âme chinoise et le confucianisme son versant solaire – image convenue qui montre par ailleurs combien était improbable l'enracinement du bouddhisme.

Seulement, si pour discourir sur ce « fonctionnement des choses » situé au-delà des mots, le *Dao De Jing* se tire d'embarras en utilisant un pseudonyme, comment pouvons-nous *transcrire* en français l'idéogramme 道 ? Faut-il écrire « *dao* » ou « *tao* » ? La différence entre les deux vient simplement de l'adoption par l'Unesco, en 1973, de la romanisation dite « pinyin » pour la transcription des noms propres chinois (c'est ainsi que Mao Tsé-Tung est devenu Mao Zedong sans jamais avoir cessé d'être 毛泽东). Le terme « *tao* » est resté encore longtemps courant dans le langage parlé tandis que la forme « *dao* » prend de plus en plus d'importance dans les textes.

L'essentiel est ailleurs : dans le fait de ne pas écrire « Tao » ou « Dao », car l'initiale en majuscule, simple artifice typographique dont on ne mesure pas la portée psychologique, honore, particularise, personnalise, ce qui est exactement le contraire du but visé par le choix, comme pseudonyme de cette réalité ultime, du banal terme 道 dào. C'est pourquoi nous avons choisi de garder le mot « *dao* » en minuscules pour éviter de le surcharger d'une noblesse conceptuelle dont le mot chinois n'est pas porteur.

Du reste, le *Dao De Jing* refuse tellement au *dao* la moindre préséance qu'il va jusqu'à lui donner un maître sur lequel prendre modèle :

« (...) L'homme prendra donc modèle sur la Terre
La Terre elle prend modèle sur le Ciel
Le Ciel prend modèle sur la Voie
La Voie elle se modèle sur le naturel[8] »

Le *dao* n'est en rien un absolu, c'est un fonctionnement qui, lui aussi, se règle sur quelque chose d'extérieur à lui, à savoir 自然 zì rán, deux idéogrammes qui signifient littéralement « ce qui existe (然 rán) de soi-même (自 zì) », bien mal traduit par le « naturel ».

Laozi et sa légende

L'auteur traditionnel du *Dao De Jing*, le « maître du Vide Parfait » comme l'appelait Liezi, est un maître virtuel. Sans chair, sans épaisseur historique, il n'est qu'un « rêve de papillon », comme dirait Zhuangzi, un de ses grands continuateurs. Autant s'y résoudre tout de suite, même si la nouvelle est, pour certains, difficile à admettre : selon toute vraisemblance, Laozi n'a jamais existé.

Déjà, en 100 avant notre ère, Sima Qian, auteur méticuleux d'une histoire de la Chine depuis les origines, les *Mémoires historiques*, lorsqu'il traite de la vie de Laozi, souligne qu'il s'agissait d'un « maître obscur », suggérant par là qu'il n'a pas pu rassembler grand-chose de très sûr à son sujet. Mais dans le cas de Laozi, même l'hagiographie traditionnelle est d'une particulière pauvreté. On ne connaît même pas son véritable nom ; c'est une tradition largement postérieure qui lui attribua celui de Li Dan (李 聃 lǐ dān). En fait ne nous restent de lui que trois anecdotes d'une telle banalité qu'elles donnent l'impression que ce qu'elles racontent est surtout là pour signifier autre chose. Les voici, telle que les rapporte Sima Qian :

– « Il était archiviste à la cour royale. »

Voilà qui aujourd'hui sonne bien, fleurant son antiquité de bon aloi. Mais rapportée à son contexte, cette indication était à peu près aussi précise que si l'on avait dit : « Il était fonctionnaire dans un ministère. » Le message est donc ailleurs, dans l'indication induite : il savait lire et écrire. Cette capacité, fort rare en ce tournant du Ve siècle avant notre ère, est le signe immanquable de son appartenance à la seule classe sociale dont les enfants recevaient une instruction : la noblesse. Mais puisqu'il était employé comme archiviste à la cour, c'est que Laozi devait travailler pour gagner sa vie et qu'il ne faisait donc pas partie de la haute noblesse, celle qui possédait de grands fiefs et dirigeait les principautés, mais de la toute petite noblesse, classe sociale qu'à cette époque justement les changements dans le mode de production agricole (en particulier la généralisation de l'usage du fer pour les charrues, dont nous reverrons l'importance avec Confucius au chapitre suivant) commençaient de ruiner définitivement, entraînant avec elle la culture féodale que ces nobliaux représentaient. On trouve très clairement l'évocation de ce tournant de civilisation dans le *Dao De Jing* : « Des engins à décupler, à centupler le rapport, on n'en avait pas alors l'usage[9]. »

– « Il a reçu la visite de Confucius. »

Recevoir un nobliau de province qui vient à la capitale s'enquérir des rites, la belle affaire ! Il n'y aurait vraiment pas là matière à s'exclamer si ce visiteur, alors sans importance, ne devait par la suite devenir le « maître des dix mille générations ». Rapportée à foison, peinte de siècle en siècle, cette entrevue célèbre demeure pourtant un peu louche, ne serait-ce que parce qu'elle n'est rapportée que dans les écrits taoïstes. Dans les *Entretiens*, l'ouvrage dans lequel les disciples de Confucius ont rassemblé avec méticulosité, comme nous le verrons au chapitre suivant, tous les propos et rencontres de leur maître, il n'en existe nulle trace. Cela donne aux paroles respectueuses par lesquelles, toujours d'après les textes taoïstes, Confucius aurait résumé sa rencontre avec Laozi – « J'ai rencontré un dragon ! » – un parfum tellement laudatif qu'elles en deviennent suspectes. En revanche, l'utilité hagiographique de cette anecdote apparaît clairement : l'évanescent Laozi en est tout épaissi historiquement. Puisqu'il a reçu Confucius, dont l'authenticité ne fait aucun doute, il ne peut qu'avoir bel et bien existé.

– « Le gardien de la passe de Xian Kou. »

Troisième et dernière information sur Laozi, voilà maintenant l'« événement » majeur de sa vie, le plus romantique, le plus spectaculaire et, sans doute pour cela, le plus connu : désespéré par la décadence de la cour royale, nous dit la légende, Laozi aurait décidé de quitter son poste d'archiviste et de s'en aller en direction de l'ouest.

La démission professionnelle de Laozi est en elle-même déjà significative. Elle est une manière de dire que, à l'inverse des lettrés confucéens engagés dans les affaires publiques pour qui la démission n'a de sens qu'en tant que critique directe de l'attitude de leur souverain, c'est par une position de rejet global du système que Laozi décide de partir. Il ouvre par là la voie radicale qu'après lui suivront les ermites taoïstes, préférant le calme vivifiant des montagnes isolées au brouhaha social des villes.

Monté sur un buffle, Laozi quitte la capitale Luoyang et part en direction de l'ouest. Il arrive finalement à la passe de Xian Kou, près de Xi'An. C'est un poste frontière assez isolé, avec peu de passage. L'officier qui en a la garde, ayant reconnu le vieil archiviste qu'il a peut-être eu l'occasion de rencontrer à la cour, se présente à lui et lui demande respectueusement : « Maître Li*, peu de grands personnages passent par ici. Aussi, je voudrais vous prier de me laisser un témoignage de votre venue. » Touché par cette requête, Laozi serait alors descendu de sa monture et, s'étant installé à l'ombre d'un arbre, il aurait dicté au

* Laozi aurait eu pour nom de clan 李 lǐ, pour prénom personnel 耳 ěr et pour prénom social 聃 dān. Parfois appelé 老聃 lǎo dān, il serait né dans l'ancien comté de Ku (苦), aujourd'hui dans le Henan, où le temple construit sur un des lieux supposés de sa naissance a été entièrement reconstruit et repeint en 2005.

gardien de la passe un texte d'environ cinq mille cinq cents idéogrammes : le futur *Dao De Jing*, le *Classique de la Voie et de la Vertu*. Ensuite, il serait remonté sur son buffle et aurait repris son chemin vers l'ouest, sa silhouette disparaissant lentement sur fond de soleil couchant.

La scène ne manque pas d'allure, mais elle a surtout cette profonde honnêteté caractéristique des légendes chinoises. Celles-ci disent en effet toujours la vérité, mais en ayant souvent l'air de raconter autre chose. En précisant que Laozi a *dicté* le texte du *Dao De Jing* au gardien de la passe, le récit historicisé par Sima Qian affirme en creux que Laozi n'a pas *écrit* ce texte. Il suggère discrètement, à la chinoise, qu'il s'agit d'un recueil d'anciennes traditions orales qui furent mises par écrit à une époque imprécise et réparties en quatre-vingt-un chapitres vers le IIIe siècle avant notre ère, ce dont les philologues tant chinois qu'occidentaux ne doutent plus depuis longtemps.

Il y a dans cette scène un autre détail extrêmement significatif et généralement oublié : le buffle. Laozi ne chemine pas à pied, comme un paysan, ni à cheval, comme un militaire, ni en char, comme un dignitaire : il chevauche un buffle. Animal familier du paysage chinois, le buffle entretient un rapport particulier avec les enfants auxquels revenait traditionnellement la tâche d'aller le mener paître. Ce rapport du bœuf avec l'enfance, dont l'importance se trouve ici démultipliée par le fait que l'idéogramme « enfant » est présent dans la graphie du nom de Laozi, se conjugue ici avec la symbolique saisonnière traditionnellement rattachée au buffle.

On peut difficilement imaginer animal plus yin que le buffle. Dans le *Yi Jing*, il est évoqué comme exemple d'attitude à cultiver dans une situation type (hexagramme 30) qui traite des moments où l'on est ébloui par un excès de yang. Mais le buffle est aussi le second animal du cycle zodiacal chinois, associé à la seconde heure double du jour, entre une et trois heures du matin, et, à partir de là, au levant et surtout au redémarrage annuel du principe vital. Par contraste, on comprend alors pourquoi Laozi est parti vers l'ouest, destination étrange dont on ne connaît rien du but, alors qu'il aurait pu partir vers l'est et s'embarquer pour les îles Penglai où tant de traditions taoïstes localisent le séjour paradisiaque des « immortels » taoïstes. Laozi disparaît vers l'ouest, mais en chevauchant un buffle, attelage qui proclame, à la chinoise, la double signification du taoïsme : d'un côté sa dévolution au yin, de l'autre sa tension fondamentale, sa propension au renouveau, féconde contradiction que l'on retrouve tout au long du *Dao De Jing.*

Le Dao De Jing

Le texte que le Vieux Maître a dicté au gardien de la passe a longtemps été simplement appelé le « livre en cinq mille caractères ». Ce n'est qu'à partir de l'époque impériale, lorsque les éléments du corpus philosophique de l'Antiquité eurent été remaniés et réorganisés, qu'il a pris le nom de *Dao De Jing* (道德經 dào dé jīng), habituellement traduit par *Classique de la Voie et de la Vertu*.

Le premier mot de ce titre est le caractère 道 dào. Le second, 德 dé, est composé à droite du caractère 直 zhí qui a le sens de « droit, juste », en dessous duquel se trouve le signe du coeur (心), signifiant général tout ce qui a trait à la conscience. À gauche, le signe 彳 est en rapport avec la marche, principalement en tant que conduite. Globalement, le caractère 德 dé signifie la « vertu », moins au sens étroitement moral qu'à celui de « puissance d'agir » (comme lorsqu'on parle de la vertu d'un médicament ou d'une plante) ; au niveau humain, il évoque cette force morale que donne le sentiment d'avoir une attitude parfaitement accordée à la situation. Accolés, ces deux caractères forment une expression moderne qui signifie « moralité, éthique ».

Le troisième mot du titre, 經 S经 jīng, est un caractère tout à fait général. Il désignait à l'origine les fils de chaîne d'un tissage, la structure globalement verticale sur laquelle les fils de trame construisent l'apparence, le motif. Ensuite, par analogie de forme et de fonction, ce mot en est venu à désigner le système des méridiens de l'acupuncture*. Finalement, par un saut qualitatif dont seul l'esprit chinois est capable, il a très tôt servi de nom général à ce qui constitue l'armature invisible d'une société : les Livres Classiques.

Le texte du *Dao De Jing* est organisé en quatre-vingt-un chapitres assez concis, comptant en moyenne une soixantaine de mots chacun**. Le nombre quatre-vingt-un est dans la symbolique numérique chinoise la manifestation de la puissance du neuf, chiffre qui lui-même, notamment dans le système du *Yi Jing*, est l'emblème de la culmination du yang. Un ouvrage organisé sous ce signe est donc par là même un ouvrage doué d'une puissance efficace, exactement comme le sont par exemple les Classiques de la médecine, organisés de la même façon.

---

* Nous l'avons rencontré, dans l'introduction, dans l'expression désignant le système nerveux (神 經 S经 shén jīng).

** Le chapitre le plus court, le quarantième, en compte trois fois moins et le chapitre le plus long, le trente-neuvième, presque sept fois plus.

Le style de ces chapitres se présente comme une sorte de poème en prose. « Le *Livre de la Voie et de la Vertu* est d'une superbe prose classique. Elle jaillit comme le souffle de l'univers entre le Ciel et la Terre », écrit Claude Larre[10]. Poétique toujours, énigmatique parfois, ce n'est pas un texte d'abord facile, comme l'exprime Henri Michaux : « Rien n'approche du style de Laozi. Laozi vous lance un gros caillou. Puis il s'en va. Après il vous jette encore un caillou, puis il repart ; tous ces cailloux, quoique très durs, sont des fruits, mais naturellement le vieux bourru ne va pas les peler pour vous[11]. » Cela explique sans doute pourquoi ce livre, le plus traduit de tous les textes chinois, a pu donner lieu à tant d'interprétations si diverses et si contradictoires.

Le contenu du Dao De Jing

Un regard d'ensemble sur les chapitres de l'ouvrage confirme bien ce que nous disait la légende : c'est un assortiment disparate dans lequel se mêlent des niveaux philosophiquement assez divers – considérations sur le gouvernement, sur l'origine du monde, sur la bonne manière de se comporter, railleries contre les principes confucéens, voire imprécations quasiment anarchisantes, comme :

« (…) Devant le Fils du Ciel qu'on intronise
Devant les Trois Ducs qu'on installe
Vont les disques de jade tenus à deux mains
Suivis des attelages à quatre chevaux
Pourquoi ne pas plutôt assis sur les talons
Offrir la Voie (…)[12] »

Ou bien ce passage fustigeant la complexité des législations sociales :

« (...) Plus on voit fleurir lois et règlements
Plus on récolte voleurs et brigands (...)[13] »

On y trouve aussi dans certains passages cette nostalgie du bon vieux temps des époques révolues, qui accompagnera souvent le taoïsme, aussi bien en Chine (nous le retrouverons au moment du néotaoïsme) qu'en Occident :

« (...) Manger alors avait du goût
L'habit seyait au corps
Il faisait bon être chez soi
On appréciait la vie simple (...)[14] »

Ce passéisme amène parfois à certaines injonctions ambiguës qui, selon les interprétations, peuvent être comprises soit comme une apologie de la peine de mort, soit au contraire comme une mise en garde contre son usage abusif :

« (...) Un peuple insoucieux de la mort
L'effrayerez-vous par la peine de mort
Rendez-lui plutôt la peur de la mort
Les factieux s'il s'en trouve
Prenez-les et mettez-les à mort
Qui alors se permettra de bouger (...)[15] »

Confucius, sur ce point précis, a une position assez différente. « Le prince Kang, sire de Ji, interrogea un jour Confucius sur l'art de gouverner : "Tuer les méchants pour encourager les bons, qu'en pensez-vous?" Confucius répondit : "Pour gouverner, est-il besoin de tuer? Cherchez vous-même le bien et le peuple s'améliorera. La vertu de l'homme de bien est pareille à celle du vent. La vertu du peuple est pareille à celle de l'herbe, elle se plie dans le sens du vent[16]." »

La peine de mort n'est pas le seul point de désaccord entre les deux enseignements, loin de là. Le texte du *Dao De Jing* contient certaines prises de position vertement anti-confucéennes. Par exemple ce passage :

« (...) L'étude
Tous les jours un peu plus
La Voie
Tous les jours un peu moins (...)[17] »

qui met directement en opposition la « Voie » (道 dào) avec l'« étude », considérée par l'école confucéenne comme tellement fondamentale que c'est par ce mot que s'ouvrent les *Entretiens* de Confucius.

Autre attaque violente, ce paragraphe dans lequel sont réfutées les vertus majeures prônées par l'enseignement confucéen, la bienveillance, la justice et la piété filiale :

« (...) La Grande Voie périclita
Alors régnèrent Bienveillance et Justice (...)
Les six relations sont-elles désaccordées
On ne voit plus que piété filiale et amour paternel (...)[18] »

Pourtant, on trouve également dans le *Dao De Jing* d'autres passages au ton très différent et qui proposent d'excellents conseils de vie personnelle :

« (...) Il n'y a pire malheur que l'insatiabilité
Pire malédiction que le désir de posséder

Mais il y aura toujours suffisance
Pour qui se suffit de ce qui suffit (...)[19] »

Certains de ces conseils peuvent parfois surprendre :

« (...) Rendre en Vertu le tort reçu (...)[20] »

Confucius par exemple s'inscrit complètement en opposition sur ce point. À l'un de ses disciples qui lui posait la question : « Rendre le bien pour le mal (répondre à la haine par la vertu), qu'en pensez-vous ? », Confucius répondit avec véhémence : « Si vous récompensez le mal par le bien, par quoi donc allez-vous récompenser le bien ? Récompensez le bien par le bien et le mal par la justice[21]. »

Pourtant, dans le même chapitre 63 du *Dao De Jing*, on trouve ce passage que Confucius aurait certainement approuvé :

« (...) Qui légèrement promet
Trouvera peu de crédit
Qui trouve tout aisé
N'aura que des ennuis (...) »

Ou bien encore dans le chapitre 79 :

« (...) Un homme de vertu
Exécutera ses obligations
Un homme sans vertu
Exigera avec exaction (...) »

qui correspond tout à fait à ce résumé de la doctrine de Confucius qu'un de ses vieux amis propose un jour à ses disciples : « Exigence envers soi-même, indulgence envers les autres[22]. »

La dévolution au yin

L'infinie dévolution au yin propre au taoïsme, dont le buffle de Laozi est l'emblème, est développée dans de nombreux passages du *Dao De Jing*, qui y consacre même un chapitre entier, le sixième – disposition révélatrice en ce que le chiffre six est l'emblème de la culmination du yin, notamment dans le système du *Yi Jing*. Voici ce chapitre en entier :

« L'Esprit du Val est à jamais vivant
On parle là de la Femelle mystérieuse
La Femelle mystérieuse a une Ouverture
D'où sortent le Ciel et la Terre
L'imperceptible filet file indéfiniment
On y puise sans jamais l'épuiser »

Que proclame ce texte magnifique? Qu'il y a un *shen* (神), un esprit pareil à ceux du chamanisme ancestral, qui dépasse en puissance vitale tout ce qui se peut connaître et même imaginer. Il est en quelque sorte la vie même, à jamais vivante à la surface de la terre. Et cet esprit n'est pas céleste, il n'est pas divin, il appartient aux vallons, aux grottes, aux sillons, il est fondamentalement féminin, comme le suggère le caractère 谷 gŭ qui lui est attribué*. La phrase suivante précise alors, comme le souligne Claude Larre, qu'il ne s'agit pas d'une femme – le

* Le caractère 谷gŭ, « val », étant fort proche, sinon confondu, avec un autre signifiant directement le « vagin ». Voir à ce sujet Kyril Ryjik, *L'Idiot chinois*, *op. cit.*, t. I, p. 189.

taoïsme n'est pas anthropomorphe – mais de l'idée de féminin, évoquée ici par l'idéogramme 牝 pìn, qui désigne en général les femelles des animaux (le mot « yin » n'existe pas encore dans son sens philosophique). L'ouverture de ce vallon femelle est cette fente, ce sillon situé à l'origine du monde, bien avant tous les systèmes intellectuels inventés par les humains pour se représenter le pourquoi des choses, évoquées ici par l'expression déjà classique 天地 tiān dì, littéralement le « ciel/terre ». Enfin, le mystère profond de cette origine obscure est qu'elle est sans fond, donc intarissable.

Cette propension vers le yin amène à porter une attention accrue au vide, à l'absence et à son utilité profonde :

« Trente rayons se joignent en un moyeu unique
Ce vide dans le char en permet l'usage
D'une motte de glaise on façonne un vase
Ce vide dans le vase en permet l'usage
On ménage des portes et des fenêtres pour une pièce
Ce vide dans la pièce en permet l'usage
L'avoir fait l'avantage
Et le non-avoir l'usage[23] »

Cette attention au vide sera dans un premier temps une aide pour le bouddhisme quand il pénétrera en Chine avant de produire des difficultés de compréhension, l'idée bouddhique de la vacuité étant finalement assez différente du vide taoïste. Le quiproquo sera encore pire lorsque, confrontés au *Dao De Jing*, les Occidentaux voudront y reconnaître leur concept de néant ou de non-être.

L'être et le non-être

« Être » est sans aucun doute l'un des mots les plus répandus dans les langues indo-européennes, à tel point qu'il nous est difficile de concevoir qu'il n'ait pas d'équivalent en chinois classique. Pourtant, le caractère 是 shì, qu'on traduit souvent par « être » dans la mesure où il s'agit d'un affirmateur de réel, ne marque pas une qualité intrinsèque (une « essence »), mais signale plutôt une conformité instantanée, soit entre un sujet et un prédicat (je suis français), soit entre une assertion et ce qu'on en pense (et, dans ce cas, il correspond simplement à notre « oui »).

On comprend dans ces conditions pourquoi les questions de l'être, de son essence propre, de son opposition ontologique au néant, questions qui, depuis les anciens Grecs, constituent un des sujets fondamentaux de la philosophie occidentale, paraissent assez exotiques à l'esprit chinois. Dans le même ordre d'idées, le néant physique en tant qu'absence totale d'éléments ou de potentialités est une notion beaucoup plus familière aux cultures indo-européennes qu'aux cultures extrême-asiatiques. Quand, au VIIIe siècle, les Chinois ont découvert, via les marchands arabes, le zéro (invention indienne), ils l'ont transcrit idéographiquement par le caractère 零 líng, dont le sens propre est « pluie extrêmement fine » : il n'y a plus grand-chose de palpable dans l'air, mais il y a encore quand même quelque chose. L'esprit chinois est fondamentalement rétif à l'idée de vide absolu, ce qui, nous le verrons, posera des difficultés aux missionnaires bouddhistes lorsqu'il faudra écrire en chinois le concept de vacuité.

Le néant, lorsqu'il est pensé par l'esprit occidental, est l'antithèse absolue de l'être. Voilà pourquoi le terme « non-être » revient comme une antienne dans de nombreuses traductions du *Dao De Jing*, notamment dans un passage essentiel du chapitre 40. L'une des plus anciennes traductions en français, celle de Stanislas Julien* au XVIIIe siècle, fixait le jeu : « Toutes les choses du monde sont nées de l'être ; l'être est né du non-être. » Récemment encore, Jean Lévi reprenait cette formulation : « Les dix mille êtres sont nés de l'être, l'être est issu du néant[24]. » Pourtant, depuis longtemps, avec le père Larre, une autre approche se dessinait : « Ce-qui-a produit les Dix Mille Êtres ; mais Ce-qui-a est produit par Ce-qui-n'a-pas[25]. » Seul Bernard Botturi a eu l'intuition d'une lecture plus dynamique que descriptive : « Sous le ciel, les dix mille vivants croissent vers l'apparaître ; et l'apparaître croît vers le disparaître[26]. »

Pour y voir un peu plus clair, regardons le texte chinois lui-même :

萬物	生	於	有
wàn wù	shēng	yú	yǒu
dix mille choses	naître	de	avoir
有	生	於	無
yǒu	shēng	yú	wú
avoir	naître	de	négation

* Stanislas Aignan Julien, sinologue français né à Orléans (1797-1873), titulaire de la chaire langue et littérature chinoises et tartares-mandchoues » au Collège de France de 1832 à 1873, fut élu à l'Académie des inscriptions et belles-lettres en 1833. Publiée en 1842, sa traduction du *Livre de la voie et de la vertu* a été republiée en 1996 par les éditions Mille et une nuits, avec une révision, des notes et une postface de Catherine Despeux.

Il est composé de deux phrases symétriques, l'une et l'autre articulées autour du même groupe verbal : « naître (à partir) de ». L'ensemble développe une logique de consécutivité : x naît de a, a naît de b.

Le premier terme de cette séquence, 萬物 wàn wù, littéralement les « dix mille choses », est une expression classique servant à désigner l'ensemble (innombrable, mais pas infini) de toutes les choses vivantes.

Ensuite vient le mot 生 shēng dont le sens principal est bien « naître », mais aussi « vivre ». Sa forme ancienne montre un bourgeon s'ouvrant sur la branche d'un arbre ayant déjà une ramure. Il ne s'agit donc pas d'une naissance à partir de rien, c'est-à-dire dans l'esprit occidental d'une création, mais de l'éclosion à la sortie de l'hiver d'un bourgeon formé à l'automne précédent et dont le renouveau manifeste que l'arbre est bien vivant.

Cela posé, le sens du paragraphe joue alors sur le balancement entre les deux compléments successifs de ce verbe : d'abord 有 yǒu et ensuite 無 wú. Ces deux termes fort répandus dans les textes classiques sont toujours extrêmement usuels.

L'usage actuel du caractère 無wú (maintenant simplifié en 无) est globalement celui d'une négation : « il n'y a pas, ne... pas, sans », etc. Il faut donc, si l'on veut comprendre le sens qu'avait ce mot à l'époque du *Dao De Jing*, examiner la manière dont il était écrit alors :

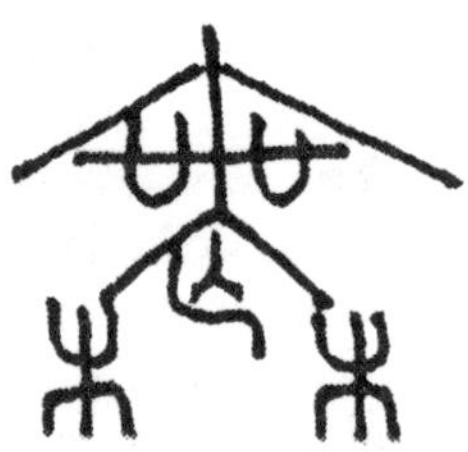

Bien qu'il existe de nombreuses variantes des formes anciennes de ce caractère, elles se ramènent majoritairement à la description d'une même scène habituelle à l'époque : le défrichage par brûlis. Grâce à cette scène, on comprend mieux comment l'usage de ce caractère a pu évoluer vers le sens d'une négation ; surtout, l'action qu'elle évoque ouvre la porte à une compréhension bien plus chinoise de la signification de ce chapitre du *Laozi*. En effet, que reste-t-il après qu'on a mis le feu à une forêt ? Plus rien qu'une terre nue. Mais ce rien n'est pas vide : car cette terre noircie par le feu est remplie de cendres organiques, elle est gorgée d'éléments nutritifs, elle est pleine de mille moissons futures.

Lu ainsi, le caractère 無 wú cesse d'être une négation privative, la marque d'une absence, d'un vide, d'un néant, pour devenir l'évocation d'une potentialité créatrice, d'une matrice féconde. C'est ce qu'ont remarqué Liou Kia-Hway et Benedykt Grympas : « Le caractère *wu* que nous traduisons par "néant" n'indique pas l'anéantissement systématique du tout, selon la conception occidentale. Il évoque une sorte d'indétermination absolue qui contient en elle la détermination concrète sous toutes ses formes[27]. »

Pourtant, si l'on regarde la scène ainsi décrite dans une perspective diachronique, on remarque qu'elle décrit un passage, celui de l'élan vital d'une forme manifeste, visible (la forêt) à une forme potentielle, invisible. Or, en introduisant ce mouvement de passage, apparaît alors le niveau auquel le caractère 無wú est mis en balance avec le caractère 有 yǒu.

La signification globale de 有 yǒu est celle d'une existence matérielle. Son sens usuel est « il y a, avoir lieu, exister » ; de là, il veut aussi dire « avoir, posséder, disposer » mais aussi « survenir ».

Sa forme ancienne est relativement lisible : on y voit une main droite sous laquelle se trouve le caractère 月, qui désigne soit la lune, soit la viande (肉 ròu, qui devient 月 lorsqu'il entre dans la composition d'un caractère). Mais comment croire qu'une notion aussi importante que celle de l'existence, le « il y a », soit décrite par une image aussi vulgaire qu'une main sur de la viande ou aussi absurde qu'une main sur la lune ? C'est pourquoi je me permets, humblement, de proposer une autre solution, basée sur l'histoire même de la formation des idéogrammes. L'écriture idéographique est née au cours du IIe millénaire avant notre ère de pratiques rituelles ancestrales : on approchait une source de chaleur d'omoplates de bovidés, ce qui produisait dans l'os des fendillements qui étaient ensuite analysés, à l'origine comme manifestation de l'approbation des ancêtres, et par la suite en termes de qualité énergétique du moment. Comme l'a amplement montré le professeur Vandermeersch, c'est de l'idée de donner du sens à des configurations linéaires qu'est née ce qu'il appelle la « rationalité divinatoire chinoise », laquelle est à la racine de l'idéographie et dont la manifestation la plus raffinée n'est autre que les figures linéaires des hexagrammes du *Yi Jing*.

On peut imaginer alors l'importance symbolique majeure qu'a pu prendre dans l'esprit chinois le geste d'une main tenant un objet longiligne, une sorte de tison, et qui, en l'approchant des omoplates sacrificielles, y faisait apparaître des lignes porteuses de la plus haute signification.

Alors une hypothèse hardie, mais plausible, se fait jour : et si c'était justement ce geste emblématique, si fondamental dans la culture chinoise, que nous montre l'idéogramme 有 yǒu ?

L'examen des formes anciennes permet en effet de supposer que ce qui est dessiné sous le signe de la main n'est ni la lune ni la viande, mais bel et bien une omoplate divinatoire sur laquelle on a provoqué l'apparition de lignes. Outre le fait que cette hypothèse propose une étymologie plus acceptable du caractère 有 yǒu, elle a surtout l'avantage de faire apparaître clairement le balancement entre les deux termes de ce passage du *Dao De Jing* : la mélodie de l'apparition et de la disparition, du jour et de la nuit, du yin et du yang. L'image écrite par le mot 無 wú évoque le passage du visible vers l'invisible, et celle décrite par le mot 有 yǒu celle du passage inverse, de l'invisible vers le visible.

Ainsi, ce chapitre 40 n'est pas une dissertation sur l'être et le non-être mais bien plutôt une description du fonctionnement même du *dao* – ce qui n'est d'ailleurs pas étonnant dès lors qu'on prend en considération où a été placé ce chapitre : au beau milieu des quatre-vingt-un chapitres.

Le fonctionnement des choses, de tout ce qui existe sur terre, existe en vertu d'un passage de l'invisible vers le visible, et ce passage lui-même n'est pas le résultat d'une création ex nihilo, il est le simple écho d'un passage inverse, du visible vers l'invisible. Enfin, cette alternance n'est le fait d'aucun vouloir, elle est continuelle et naturelle, c'est celle du mouvement des saisons qui fait que chaque année les feuilles apparaissent au printemps et disparaissent en automne.

Un autre chapitre du *Dao De Jing* est aussi particulièrement représentatif de cette polysémie qui déconcerte l'esprit européen habitué à une tout autre rigueur textuelle. Il s'agit du chapitre 42 qui, à l'aide d'un énoncé uniquement composé de chiffres agencés autour d'un verbe unique, déroule un étonnant « plan du monde[28] ». D'une régularité exemplaire, la construction de ce curieux poème en prose chiffrée repose sur une rythmique ternaire. Chaque « phrase », composée de trois caractères, est centrée autour du même caractère 生 shēng, idéogramme utilisé ici dans son sens verbal et dont la signification est « vivre, naître, produire », etc.

道	生	一
一	生	二
二	生	三
三	生	萬物

Le mot à mot en est, dans toute sa simplicité obscure :

dao	naître	un
un	naître	deux
deux	naître	trois
trois	naître	dix mille (êtres)

Si l'on remplace simplement les emblèmes chiffrés par les connotations usuelles qu'ils recouvrent pour l'esprit chinois tout en conservant globalement la construction originelle, cela donne à peu près ceci :

Le fonctionnement des choses	vit	suivant un principe unitaire
Cette unité primordiale	vit	selon un rythme binaire
Cette dualité musicale	vit	grâce aux souffles médians
Cette triplicité globale	vit	dans l'innombrable totalité des êtres

Apparaît alors un étonnant condensé de la vision chinoise du fonctionnement global du monde vivant. L'affirmation première nous dit que le fonctionnement du vivant est régi par un principe unitaire : le chiffre un est l'emblème de cette communauté entre tous les systèmes vivants. Seulement, comme le dit un vieux proverbe chinois, « les poissons ne connaissent pas le mot "eau" », cette unité primordiale du *dao* n'est pas directement perceptible par les vivants. Elle ne se manifeste aux humains que sous la forme de la bipolarité du yin/yang, dont le chiffre deux est l'emblème. Cette dualité, de par sa constitution même, entre le haut et le bas, le froid et le chaud, l'été et l'hiver, le ciel et la terre, produit une différence de potentiel qui engendre une onde, un souffle médian qui anime cette structure en la faisant passer de la confrontation statique à l'alternance féconde. Cette organisation ternaire a pour emblème le chiffre trois, symbolique de tous les souffles. Arrivé là, point n'est besoin d'aller plus loin, les trois premiers emblèmes chiffrés suffisant à rendre compte du fonctionnement de l'ensemble des choses vivantes – les « dix mille êtres » dont l'évocation clôt cet étonnant raccourci. On verra chez Zhang Daoling comment une lecture totalement différente, mythologisante, a pu être donnée de ce beau verset.

« Agir par le non-agir »

On résume souvent le taoïsme à cette seule expression, donnant ainsi l'impression qu'il prône une sorte de laxisme, de laisser-faire que l'on costume souvent en lâcher-prise. Mais c'est mal comprendre les idéogrammes employés : 無為 wú wéi. Au chapitre 60, il est pourtant dit : « On gouverne un grand pays comme on cuit des petits poissons. » Or ce n'est pas en les regardant qu'on cuit les petits poissons ; c'est en les remuant le moins possible, sinon ils s'émiettent. Le gouvernement dont parle Laozi n'est pas celui des rois fainéants, mais celui des dirigeants efficaces qui savent gouverner sans forcer les choses, comme le recommande réellement ce que l'on prend pour du « non-agir ».

Dans l'expression chinoise, le premier caractère (無 S无 wú) est celui que nous venons de voir à propos du non-être. Cependant, il est ici employé dans son sens simple de négation. Le second (為 S为 wéi) est un idéogramme ayant un assez large éventail de significations, « faire, pratiquer, agir, diriger, commettre », etc., et dont la traduction dépend beaucoup du contexte dans lequel il est employé. Le rendre simplement par « agir » dénature un peu le conseil donné par cette expression qui revient à plus d'une reprise dans le texte du *Dao De Jing*[29].

Les formes archaïques de ce caractère représentent le cardage de la laine, opération d'où dérive son usage le plus général, « faire, pratiquer, agir ». Mais il est important de remarquer que ce « faire » ne se fait pas tout seul : il faut de la force pour carder la laine. Les différents sens du mot 為 wéi ont justement pour trait commun de référer à une action qui ne se fait pas sans effort. Le sens du conseil taoïste prend alors sa véritable dimension : non pas ne rien faire, ni laisser faire, mais plutôt ne rien *forcer*, ne pas en faire trop, en un mot savoir faire juste ce qu'il faut pour que les choses se fassent d'elles-mêmes.

« On ne fait pas pousser les poireaux en leur tirant dessus » est un proverbe qui existe aussi en chinois (sauf qu'il y est alors question de riz). Ce ne sont pas les humains qui font pousser les plantes, c'est la terre, les humains peuvent juste *accompagner* le fonctionnement du processus vital, en plantant, arrosant, binant, sarclant, en faisant tout ce qu'il faut, mais pas plus.

De l'appréciation positive du yin et du non-agir naît une stratégie efficace exposée dans différents passages :

« (...) Ce qu'il y a de plus tendre au monde
Gagne à la longue sur ce qu'il y a de plus solide
Ce qui n'a pas
Pénètre ce qui n'a pas de vide (...)[30] »

Ou bien encore :

« (...) Vivant, l'humain est tendre et souple
Mort le voici dur et rigide
Les plantes sont tendres et fragiles
Mortes les voilà flétries et sèches
Dureté et rigidité sont compagnes de la mort
Tendreté et souplesse compagnes de la vie (...)[31] »

On voit en même temps poindre au travers de ces conseils l'une des grandes préoccupations des adeptes du taoïsme : boire la vie jusqu'à la dernière goutte. Cette recherche de la jouissance la plus longue possible du bonheur d'être en vie, c'est ce qui jadis, suivant un comparatisme désuet, a été traduit par « immortalité », alors que les Chinois ne se font aucune illusion à ce sujet, puisqu'ils nomment cet objectif le « long vivre » (長生 cháng shēng) ou la « longue longévité » (長壽 cháng shòu). Les Chinois savent très bien que tout ce qui est en vie doit un jour ou l'autre mourir : le ciel alloue à chacun un « mandat de vie » que l'on est libre d'allonger ou d'écourter en fonction du comportement qu'on adopte envers son propre corps. On comprend mieux pourquoi tous les arts physiques chinois, y compris la cuisine, ont une orientation thérapeutique et sont placés sous le patronage de Laozi.

Le principe qui fonde cette quête du « long vivre », toujours pompeusement énoncé comme consistant à « se fondre dans le flux du *dao* », est en fait beaucoup plus terre à terre. Il ne s'agit pas de sortir du monde quotidien, d'atteindre des états modifiés de conscience ou d'accomplir des prodiges ; certains y parviennent, mais cela relève plus de la démonstration de foire. Le but de cette recherche est beaucoup plus trivial : il s'agit simplement de s'harmoniser avec le rythme même de la nature. Car la nature – ou plus précisément le *ziran* que nous avons rencontré dans la définition du *dao*, ce qui « existe de soi-même » – jouit en elle-même de cette qualité essentielle qu'est le « long vivre ».

La « longue vie » est l'apanage de la nature parce que son mouvement est celui du retour. Son rythme vital fait que, « tournant sans faute et sans usure[32] », à chaque printemps elle renaît de ses cendres sans sembler être marquée par le vieillissement. À nous d'imiter la nature, d'approcher de ce fonctionnement des choses qui ne peut se dire mais qui peut s'éprouver, non seulement au printemps mais à chaque mois de l'année. À nous d'y parvenir dans tous nos mouvements, ceux de notre corps comme ceux de notre cœur, à chaque fois qu'une rigidité se fait sentir, semble s'installer, comme à chaque fois que ce qui est vivant dans un être, une relation, semble se prendre en glace, telle une articulation qui perd sa souplesse.

C'est alors que se dévoile la signification profonde du nom bizarre dont est affublé le fondateur du taoïsme. Pour n'importe quel Chinois, l'affaire fait peu de doute : « Laozi » n'est pas un nom, c'est un programme. Le premier idéogramme de ce nom, 老 lǎo, signifie « vieux », mais aussi « honorable », un vieillard étant traditionnellement quelqu'un d'éminemment vénérable. Le second idéogramme, 子 zǐ, signifie « fils », mais aussi « maître » parce que dans l'Antiquité, la meilleure récompense que pouvait recevoir une personne accomplie dans son art était d'être appelée « fils » par son souverain.

« Laozi » est ainsi un binôme tout à fait intraduisible, dans la mesure où rien ne permet de choisir entre « honorable maître » et « vieil enfant », deux appellations dont la première est d'une banalité affligeante et la seconde d'une absurdité déconcertante. Par contre, on peut le comprendre comme un programme de « longue vie », un plan de développement individuel : il s'agit d'apprendre à passer de *lao* à *zi*, c'est-à-dire, par des mouvements et des attitudes appropriés, de réussir à faire revenir le printemps, à transformer ce qui était devenu vieux, rigide, hiver, en un mot *lao*, en quelque chose redevenu jeune, souple, printemps, en un mot *zi*.

Zhuangzi

Zhuangzi (littéralement « maître Zhuang », dont le nom était naguère orthographié Tchouang-tseu) est une figure essentielle de la philosophie taoïste ancienne. Pourtant, bien que la tradition lui attribue des dates précises (365-285 avant notre ère), l'histoire ne connaît de sa vie que fort peu d'éléments, tout au plus quelques anecdotes qui font bien plus figure de paraboles que de faits avérés. L'une d'elles raconte qu'alors qu'il occupait dans une principauté de second ordre un obscur poste de fonctionnaire, des officiers vinrent le trouver pour lui annoncer que le souverain du puissant royaume de Chu venait de le nommer premier ministre. Zhuangzi leur répondit en riant qu'il préférait la liberté de sa médiocre condition à l'obéissance qu'il devrait témoigner envers le souverain duquel il tiendrait sa nouvelle position honorifique…

Anarchiste avant l'heure, Zhuangzi est un formidable écrivain, le fondateur de la littérature philosophique chinoise. Sa pensée nous est parfaitement connue grâce à un ouvrage qui, comme c'était la coutume à l'époque, porte son nom. « Sublime, ample, riche d'une grande diversité, superbement polémique, admirablement analytique », la pensée de Zhuangzi s'exprime « avec une telle subtilité qu'on désespère parfois d'en lever toutes les ambiguïtés[33] ».

En continuateur de Laozi, Zhuangzi pose le *dao* à l'origine de tout. Inexprimable, innommable, le *dao* est là, un point c'est tout. On ne peut l'atteindre, mais on peut s'en approcher au terme d'une ascèse psychique joliment appelée « jeûne du cœur », au terme de laquelle l'esprit de l'adepte « peut atteindre l'extase et baigner dans le *dao* en voguant dans un voyage fantastique, volant au gré du vent au-dessus des nuages dans un univers hors du temps commun aux mortels. Se fondre au sein du *dao* implique le retour, le retour en ce moment de l'espace-temps où notre corps physique ne possédait pas encore d'expression terrestre[34] ». Vie et mort se succèdent tel le battement infini de yin et yang. Une étrange anecdote en témoigne de manière assez radicale.

Venu visiter Zhuangzi à l'occasion du décès de son épouse, un ami le trouve en train de danser devant le cadavre. Outré, il l'interpelle et Zhuangzi lui répond alors que, bien entendu, la mort de sa compagne l'a d'abord empli de chagrin, mais qu'ensuite il a réfléchi plus profondément à la situation dans son ensemble. Il a alors perçu qu'au sein d'un fatras de mystères, un jour des souffles (yin et yang) s'étaient pris ensemble pour former son épouse, et elle était née. Quelques dizaines d'années plus tard, un changement inverse avait eu lieu, ces souffles s'étaient dépris, et elle était morte. Et que tout cela était comme la succession des saisons. Et Zhuangzi de conclure : « Si je parlais de la suivre, en me lamentant et en soupirant, je montrerais que je n'ai rien compris à la destinée[35]. »

Zhuangzi est aussi connu en Chine pour les discussions philosophiques qu'il tenait avec son ami Huizi, brillant dialecticien et esprit caustique. Un jour qu'ils se promenaient le long d'une rivière, apercevant des poissons s'ébattant dans l'eau, Zhuangzi dit à son ami : « Comme ils ont l'air heureux ! » Huizi aurait alors répliqué : « Comment pouvez-vous savoir si ces poissons sont heureux ou non, puisque vous n'êtes pas poisson ? » Zhuangzi sourit et lui répondit : « Mon ami, comment pouvez-vous savoir ce que je sais ou ce que je ne sais pas des poissons, puisque vous n'êtes pas moi ? »

Enfin, l'anecdote la plus fameuse à propos de Zhuangzi raconte qu'un jour il s'endormit et rêva qu'il était un papillon voltigeant de fleur en fleur. À son réveil, il douta : était-il Zhuangzi rêvant qu'il était un papillon ou bien était-il un papillon rêvant qu'il était Zhuangzi ? On comprend de là que l'esprit chinois, habitué aux mondes rêvés par Zhuangzi, n'eut pas de difficulté à acquiescer au discours des missionnaires bouddhistes prêchant le caractère illusoire du monde.

À ce niveau de finesse philosophique, on comprend bien que Zhuangzi n'ait eu aucun goût pour la civilisation et qu'il ait donné des armes affûtées à tous ceux qui vomissent le progrès, il y a deux mille ans comme maintenant. Pour lui, même l'action éducative des sages-rois de l'Antiquité (ceux que Confucius met sur un piédestal) est vaine. Pour lui, le souverain idéal vit retiré du monde politique, rayonnant par le « non-agir ». Image magnifique mais, on en conviendra, légèrement utopique.

Liezi

Liezi, littéralement « maître Lie », est la troisième grande figure du taoïsme philosophique. On ne sait pratiquement rien de sa vie ni même de la période où il vécut. Le seul indice, si l'on peut dire, vient du fait que Zhuangzi admirait sa « faculté de voler dans les airs en chevauchant le vent ». Il est l'auteur officiel d'un ouvrage habituellement intitulé *Vrai Classique du Vide parfait* (沖虛真經 chōng xū zhēn jīng). Le premier caractère de ce titre, 沖S冲 chōng, évoque généralement un courant tumultueux qui peut aussi bien se précipiter contre un rivage que s'élever dans les airs – justement la qualité qu'appréciait Zhuangzi –, mais l'idéogramme peut aussi signifier un passage plus secret, plus immobile, puisqu'on l'emploie aussi bien pour dire « infuser » du thé, ou bien « développer » un film photographique. Ce mot invite donc à une connivence avec le vide. On y trouve d'ailleurs des phrases (chapitres 3 et 6 notamment) qui enchanteront les bouddhistes. Dans l'ensemble, l'ouvrage rassemble des textes théoriques (par exemple des thèses sur l'immortalité) mais aussi des anecdotes sur Confucius et surtout de nombreuses histoires courtes (l'une d'elles, « Comment Yu Kong déplaça les montagnes », fut reprise par la propagande maoïste pour illustrer la force inépuisable du peuple uni) ; souvent dialoguées, elles servent à illustrer les préceptes fondamentaux du taoïsme.

Les « immortels » taoïstes

Les taoïstes se donnaient ainsi pour but de s'approcher au plus près du fonctionnement naturel du vivant, de manière à s'en nourrir et à savourer le plus longtemps possible le bonheur de vivre. Pour atteindre cet objectif, la meilleure technique consiste à abandonner les villes pour aller s'installer en pleine nature, de préférence au sommet d'un site grandiose. C'est en s'installant dans des grottes d'altitude, au cœur desquelles les flux yin venus de l'intérieur de la terre et les flux yang issus du ciel se marient harmonieusement, que les ermites taoïstes tissent un lien particulier avec ces montagnes parcourues de puissants courants telluriques. Pour cette raison, l'idéogramme qui les désigne est 仙 xiān, formé par la combinaison du signe général des êtres humains (亻) avec celui de la montagne (山).

Cette association ne se limite pas à nommer ceux qui vivent dans les montagnes, elle évoque aussi l'idée que ceux-là sont devenus des « êtres-montagnes » : ils ont acquis non seulement la longévité des montagnes, mais aussi leur stabilité ; leur cœur apaisé est devenu aussi indifférent aux passions humaines que le sommet des montagnes aux nuages qui s'y écharpent. Leur appellation occidentale d'« immortels » est donc trompeuse : vaincre la mort, ce but ultime des religions du salut, n'a jamais été celui des taoïstes. Il existe toujours en Chine des gens qui choisissent cette voie érémitique, mais ils se font plus rares et, de toute façon, ils ne facilitent pas le chemin qui mène jusqu'à eux.

Zhang Daoling, l'inventeur de la religion taoïste

Né dans le Shanxi au Iᵉʳ siècle de l'ère chrétienne, Zhang Daoling pratiquait l'alchimie interne et se targuait de savoir fabriquer la pilule d'immortalité grâce à sa connaissance du *Dao De Jing*. Il disait avoir reçu sa science directement de Laozi qui lui était apparu un jour et lui avait commandé d'aller s'installer à Qing Cheng Shan, un cirque naturel de montagnes à une centaine de kilomètres de Chengdu, dans la province du Sichuan, pour y fonder une nouvelle orthodoxie qui remplacerait les pratiques « dégénérées » de la religion populaire.

Que Laozi apparaisse à quelqu'un qui étudiait le *Dao De Jing* et qu'il lui commande d'aller instaurer un culte n'avait rien d'étonnant à l'époque des Han de l'Est. Un important courant de déification du Vieux Maître s'était développé à partir du Ier siècle de notre ère : on se représentait Laozi comme une « figure passagère » sans cesse en transformation, disparaissant vers l'invisible puis se réincarnant aux moments cruciaux de l'histoire pour venir en aide au pays, instruisant alors les empereurs et les sages (comme ce fut le cas pour Confucius lui-même en son temps) et révélant aux « sauveurs » du moment leur mission dans le monde.

À peine installé à Qing Cheng Shan, Zhang Daoling se fit connaître par des guérisons miraculeuses et des sermons enflammés. Les disciples affluant autour de lui, il organisa alors un véritable culte, centré sur la divinisation de Laozi, orchestré par tout un panthéon de divinités protectrices inventées par lui-même et servi par un véritable clergé dont il était le chef incontesté et vénéré.

Qing Cheng Shan est un lieu imprégné de force vitale. L'air y est plus tonique qu'ailleurs, la végétation plus vivace, plus verte. Mais c'est en gravissant le pic central que se découvre la signification de son curieux nom, la « montagne de la Verte Ville » : un majestueux cirque montagneux aux parois abruptes comme des murs, entouré de ravins profonds comme des douves, formant comme un imposant rempart autour d'une verdoyante cité naturelle au centre duquel culmine, à 1 620 mètres, un mont majestueux qui tutoie le ciel. Il est maintenant couronné par un édifice, le « pavillon de l'Honorable Seigneur » (Lao Jun Ke), à l'intérieur duquel se trouve une immense statue de Laozi assis sur son buffle, si grande qu'une corne de l'animal traverse le mur du bâtiment. Devant se trouve le « lac de la Ville de la Lune » (Yue Cheng Hu) dont le nom rappelle le goût taoïste pour les atmosphères nocturnes ; les pèlerins commencent l'ascension des escaliers de pierre taillée conduisant au sanctuaire principal, le « palais de la Pureté Suprême » (Shang Qing Gong) à mi-chemin du sommet, toujours habité par une importante communauté de moines taoïstes.

Sur le flanc oriental du mont principal se trouve un autre monastère taoïste appelé Tian Shi Dong, la « Caverne du Maître Céleste », ainsi nommé parce qu'il est construit autour de la caverne dans laquelle s'était installé Zhang Daoling, qui s'était le premier décerné à lui-même le titre de « Maître Céleste ». À sa suite, la lignée des Maîtres Célestes s'est perpétuée sans interruption jusqu'à nos jours, le soixante-quatrième Maître Céleste vivant et exerçant toujours, à Taïwan. Ce courant est représenté en Chine continentale sous le nom d'« Unité Orthodoxe » parce qu'il y était préconisé la récitation incantatoire du seul *Dao De Jing* alors que les lettrés taoïstes lisaient, discutaient et commentaient les ouvrages non seulement de Laozi, mais aussi de Zhuangzi et d'autres. Dans le temple de la Caverne du Maître Céleste, au pied d'un immense banian vieux de mille deux cents ans (il est contemporain de l'époque où le temple a été bâti, au VIIe siècle), on l'entend toujours, psalmodié chaque matin au point du jour. La communauté que Zhang Daoling avait fondée fut appelée communauté des « Cinq Boisseaux de riz » en raison de la taxe en nature que chaque adepte devait verser pour l'entretien de ceux qui en constituaient l'administration et le clergé. Mais, plus qu'une secte, c'est un véritable État théocratique que Zhang Daoling organisa dans la montagne de la Verte Ville avec pour « écriture » fondatrice le *Dao De Jing*.

On peut se demander comment une « religion » a pu être fondée à partir d'un texte d'essence philosophique, plus préoccupé de morale que de théologie et parfois terriblement abstrait. C'est justement de cette dernière particularité qu'est venue cette possibilité d'adaptation, combinée au génie de l'écriture chinoise qui n'enferme aucun mot dans une catégorie grammaticale immuable, permettant alors des interprétations parfois fort éloignées de leur propos d'origine. Du verset commenté plus haut du *Dao De Jing* : « Du *dao* naît le un. Du un naît le deux » etc., Zhang Daoling tira par exemple une personnification fondatrice triadique qu'il appela les « Trois Purifiants » (三清 sān qīng).

Ces plus hautes manifestations du *dao*, identifiées avec les trois cieux où elles sont censées résider, sont représentées sous la forme de trois majestueux vieillards. Le premier ciel, appelé « Purification de Jade », abrite le « Vénérable Céleste du Commencement Primordial » ; associé au yang (ciel), il symbolise la faculté créatrice du *dao* ; son attribut est une perle. Le second ciel, « Purification Supérieure », est la demeure du « Vénérable Céleste du Joyau Magique » ; associé au yin (terre), il symbolise la faculté efficace du *dao* ; son attribut est le dessin du Tai Ji*. Le troisième ciel, « Purification Suprême », est le domaine du « Vénérable Céleste de la Voie et de la Vertu » ; associé au monde humain, il symbolise les essences séminales masculine et féminine dont Laozi est l'incarnation ; son attribut est un éventail, insigne de rang social élevé à l'époque des Han. Dans le temple de la

* Cette attribution est traditionnelle, mais elle est évidemment postérieure à la codification de Zhang Daoling, puisque ce « dessin du Tai Ji » n'a trouvé sa représentation graphique – ☯ – qu'à partir de la dynastie des Song (960-1279), soit près d'un millénaire après Zhang Daoling ; nous y reviendrons un peu plus loin. Voir à ce sujet Cyrille Javary, *Le Discours de la tortue*, *op. cit.*, p. 475 et suivantes.

caverne du Maître Céleste, parmi les différents oratoires consacrés aux Trois Purifiants, on trouve aussi des autels dédiés à Cai Shen, l'esprit de l'enrichissement, fort prié en ce moment en Chine.

Zhang Daoling enseignait que la maladie n'était pas le seul fait d'une possession démoniaque, mais que le malade était lui aussi responsable de son état, sa maladie étant le fruit de son mauvais comportement. Il n'aurait pas été vulnérable s'il s'était conduit de manière vertueuse et surtout s'il avait rendu un culte régulier aux déités de l'Unité Orthodoxe. On trouve déjà ici un trait caractéristique qui va se manifester dans toutes les formes des sectes chinoises, taoïstes ou non, jusqu'à nos jours : l'idée que la pratique conjointe de rituels spirituels et d'exercices corporels procure à l'adepte une protection magique contre les vicissitudes de la vie. Lorsqu'on était atteint par une maladie, la guérison pouvait s'obtenir par le moyen de confessions publiques et l'accomplissement de bonnes œuvres comme la construction de routes et la distribution gratuite de nourriture*. Les membres de la communauté des Cinq Boisseaux de riz, comme ceux de toutes les organisations sectaires d'origine taoïste qui allaient essaimer tout au long du Yangzi et tout au long des siècles de l'histoire de Chine, accomplissaient de nombreuses œuvres charitables, participant aux travaux publics, distribuant soins et nourriture à tous les défavorisés, qui ne manquaient pas lors de ces temps troublés qui suivirent la chute de la dynastie des Han au début du IIIe siècle de notre ère. Les femmes y tenaient une place importante, y

* C'est sur une rhétorique équivalente que s'est construit le succès enregistré dans les années 1980-1990 par le groupement Falungong (法轮功 fǎ lún gōng).

compris dans les plus hauts rangs du « clergé ». Cette « anomalie », compte tenu des standards misogynes de l'époque, vient sans doute du croisement entre, d'une part, la dévolution au yin que nous avons vu imprégner certains chapitres essentiels du *Dao De Jing* et, d'autre part, l'aspect maternel de la consolation qu'elles apportaient à ceux qui souffraient. Cela explique aussi pourquoi le terrain chinois était bien préparé à l'arrivée, justement à cette époque, du bouddhisme en Chine.

Organisées selon une stricte discipline monacale, les communautés de Zhang Daoling alternaient dénuement mystique (la consommation de viande y était prohibée) et grandes fêtes rituelles dont la célébration débridée n'excluait nullement des orgies sexuelles. Comme le décrit une histoire de la Chine, « les pratiques religieuses qui avaient lieu dans un espace rituel appelé "salle de pureté" étaient dirigées par des officiants masculins et féminins qui captaient les forces célestes pour les appliquer dans des pratiques de guérison. Durant des fêtes communautaires ayant pour but de renforcer les liens entre les divinités et les humains, s'accomplissaient des rites sexuels ayant pour fonction de renforcer l'énergie vitale[36] ». Développement personnel et avènement de l'harmonie sociale étant les deux faces de la même voie, les adeptes partageaient leur vie quotidienne entre l'étude des pratiques naturelles de santé et l'entraînement intensif dans les « arts martiaux », comme on continue à le pratiquer à Qing Cheng Shan et aussi, comme nous le verrons, à Wu Dang Shan.

Comme il était l'incarnation vivante des principes de longévité taoïste, Zhang Daoling paraissait ne jamais vieillir. Il ne pouvait pas non plus mourir. Un jour cependant, sa mission accomplie, il s'envola dans la « grandronde du *dao*» en compagnie de sa femme et de deux de ses plus proches disciples. Alors son fils prit la relève et, à sa suite, son petit-fils.

Le taoïsme religieux

Dans le sillage de Zhang Daoling, d'autres «Églises» taoïstes vont naître. Les premières manifestations du taoïsme dit «religieux», bien qu'ayant pris des formes multiples et variées, présentent cependant un certain nombre de caractéristiques communes. Ces «Églises» sont organisées autour d'un «clergé» souvent fort lettré qui connaît et commente un impressionnant corpus littéraire d'écrits «révélés» et d'une compréhension parfois très ardue. Toutes révèrent un panthéon de dieux et de déités strictement hiérarchisé et directement calqué sur l'organisation politique du système impérial. Elles se regroupent autour de lieux de culte que la ferveur populaire transforme en temples, ce qui requiert la présence constante d'un «clergé» pour y veiller et conduit donc à la formation de «monastères». Enfin, comme la plupart des sociétés secrètes, elles suivent des rites complexes qui permettent de hiérarchiser la dévotion des fidèles et d'inscrire les adeptes dans une initiation graduelle.

À ces traits généraux s'ajoutent de multiples pratiques spécifiques qui entretiennent la spécificité de chacune de ces «Églises» taoïsant : souvent des pratiques méditatives élaborées qui feront dans un premier temps bon accueil aux techniques de méditation apportées par le bouddhisme, et en particulier à la consommation du thé qui lui sert de support ; des recherches alchimiques pour prolonger la vie qui donnèrent à la Chine une avance de plusieurs siècles en matière de chimie (poudre, émaux, porcelaine, etc.) ; des pratiques corporelles à visée thérapeutique, lesquelles forment toujours la base des mouvements du qi gong et du tai ji quan, et des mouvements de renforcement physique et de lutte, à l'origine des arts martiaux taoïstes toujours pratiqués et enseignés dans les grands centres qui leur sont dédiés.

Taoïsme et révolte

Enfin, les communautés religieuses taoïstes sont généralement animées par un fort millénarisme, prédisant une apocalypse purificatrice qui ouvrira une ère de paix et de prospérité. Combiné avec la pratique des arts martiaux, ce millénarisme a amené à placer ces groupes à la tête de nombreuses révoltes populaires. Cette orientation facilitera aussi grandement le succès du personnage de Maitreya, le Bouddha du futur, dont il sera question plus loin.

Le grand but de Zhang Daoling, en tant que Maître Céleste, n'était pas tant de fonder une religion que d'instaurer véritablement un nouvel État, le « royaume de la Grande Perfection », afin de lutter contre la décadence de la dynastie Han finissante qui aggravait chaque jour la misère du peuple. « Comme un vieillard qui n'en finit pas de mourir et qui épuise son entourage en s'épuisant, comme une étoffe brûlée par le temps, qui se déchire à mesure qu'on la ravaude, ainsi finissent les dynasties[37]. » La fin de celle des Han fut à ce titre exemplaire. En 189, peu après la disparition de Zhang Daoling, Xiandi, un enfant de huit ans, monte sur le trône. Son « protecteur », le général Dong Zhuo, demeuré honni dans la mémoire des Chinois, est un brigand : en 190, il ordonne l'évacuation forcée de la capitale Luoyang, « jetant sur les routes plusieurs millions de gens laissés sans vivre et sans ressources, voués à l'extermination, traités comme s'ils étaient des ennemis de l'empire. Des centaines de milliers de réfugiés périssent ainsi. Il met le feu à la ville. La bibliothèque impériale flambe, avec toutes les archives des Han. Dong Zhuo fut abattu en 192. Son corps nu, décapité, fut jeté sur la place du marché. On lui passa une mèche dans le nombril. Il brûla ainsi plusieurs jours. Les généraux en second se disputèrent sa succession. L'empereur dut quitter les ruines de sa capitale. Il erra dans la campagne avec quelques dizaines de partisans pour toute escorte et quelques graminées pour tout potage[38] ». Des lambeaux de ce qui fut la grandeur des Han se constituèrent les « Trois Royaumes ».

Le profond désastre politique et social de cette période eut plus d'une conséquence. Dans le peuple, il suscita un large développement des groupes religieux divinisant Laozi et psalmodiant le *Dao De Jing*. Enflammées par le messianisme taoïste, des révoltes paysannes éclatèrent dans tout le pays, à l'image de celle des Turbans Jaunes qui, dès 184, s'étaient insurgés au centre de la Chine sous le nom de « voie de la Grande Paix » (太平 道 tài píng dào), un nom qui sera repris au XIXe siècle par le mouvement de révolte théocratique (à tendance chrétienne) des Taiping, qui est à l'origine du développement moderne du tai ji quan. Au Sichuan, les adeptes de Zhang Daoling, commandés par son petit-fils Zhang Lu, participèrent à la curée, mais leurs troupes furent battues en 215 par celles du général Cao Cao, un des trois protagonistes majeurs qui se disputaient alors l'empire.

Prudemment, Zhang Lu se soumit et se déclara, avec l'ensemble des Cinq Boisseaux, vassal de Cao Cao, allégeance qui allait « non seulement assurer la survie de l'école des Maîtres Célestes, mais également assurer son expansion dans tout le territoire national, car quelque cent mille pratiquants se répandirent alors dans toute la Chine septentrionale[39] ».

Tout cela rendait les sociétés taoïstes, même les plus pacifiques d'entre elles, relativement suspectes aux yeux du régime impérial, qui déplorait l'accent qu'elles mettaient sur l'engagement volontaire individuel plutôt que sur les liens familiaux et le respect des autorités civiles. Cela fut vrai pratiquement à toutes les époques, sauf sous les Tang (618-907), où la religion taoïste servit de contre-feu à l'influence bouddhiste.

Le néotaoïsme

À la même époque, l'anarchie régnante suscita chez les lettrés un fort mouvement de retrait à l'origine d'un mouvement intellectuel et philosophique original, axé sur une relecture « purifiée » des textes fondateurs. L'idéal confucéen étant battu en brèche par la brutalité des faits, il paraissait essentiel de se replonger dans la vertu même de ces textes. Mais il fallait pour cela les débarrasser de toutes les scories à tendance magique qui étaient apparues comme des champignons néfastes sur le bois d'œuvre. Les tenants de cette école se regroupèrent sous le nom d'« école du Mystère », à laquelle les jésuites donneront au

XVIIe siècle le nom de « néotaoïsme » qui lui est resté dans les ouvrages occidentaux. Cette quête de la vérité originelle fut confortée par une découverte fortuite, et bien chinoise. Quatre siècles plus tôt, en 213 avant notre ère, le Premier Empereur, sous prétexte d'unifier les signes d'écriture, avait ordonné un autodafé de tous les livres. Comme nous le verrons dans le chapitre suivant, dès le début de la dynastie des Han, les lettrés purent assez facilement reconstituer les textes perdus. Cependant, la langue avait évolué entre-temps, et surtout l'écriture, les Han ayant mis au point une graphie plus commode, plus standardisée des idéogrammes. Aussi les textes anciens furent-ils reconstitués dans ce qu'on appelait alors le « tracé contemporain » (今文 jīn wén). Et puis voilà qu'un beau jour, raconte-t-on, à l'occasion de travaux d'agrandissement on retrouva, cachés dans un des murs de la maison de Confucius lui-même, des manuscrits écrits en « tracé ancien » (古文 gŭ wén). Il y eut alors deux versions des textes classiques et, bien entendu, une interminable polémique entre les partisans de chacun d'eux. Les tenants de l'école du Mystère, attirés par le sens originel des textes anciens, défenseurs de leur pureté primitive avant qu'ils ne soient surchargés par les spéculations alchimiques, ésotériques, symboliques, cosmologiques, qui s'étaient largement développées au cours de la dynastie des Han*, étaient des partisans résolus du « tracé ancien ». Bien entendu, le triste spectacle qu'offrait le siècle renforçait ce passéisme que nous avons vu affleurer ici et là dans le texte même du *Dao De Jing*.

* Particulièrement notable dans le *Shuo gua*, la 8e aile du *Yi Jing*, un des dix *Commentaires canoniques*, entièrement consacré aux trigrammes (8e aile § 11).

Wang Bi

Les néotaoïstes tentèrent d'établir une vaste synthèse philosophique de l'apport de l'Antiquité, commentant confucianisme et taoïsme de manière à faire disparaître tout ce qui pouvait les opposer. Un des plus importants représentants de ce projet intellectuel fut Wang Bi, esprit brillant né en 226 de notre ère. Après avoir écrit un commentaire du *Dao De Jing*, du *Lun Yu* (*Entretiens* de Confucius) et du *Yi Jing* – essais qui, dix-sept siècles plus tard, méritent toujours lecture –, il mourut en 249, à l'âge de vingt-trois ans.

L'école néotaoïste, dans sa quête de la pureté originelle des textes fondateurs, cherchait par exemple à expliquer le sens profond des *Entretiens* en laissant de côté les injonctions de morale pratique qui en forment pourtant l'assise principale. Dans le même ordre d'idées, dans son commentaire du *Yi Jing*, Wang Bi s'attacha à en extirper tout ce qui faisait (et fait toujours) son utilité pratique en tant que manuel d'aide à la prise de décision, pour n'y lire qu'un exposé philosophique dont il entreprit d'expliquer le sens à partir des enseignements du *Dao De Jing*. Cette improbable synthèse amorça une méprise toujours d'actualité dans nos régions, le classement du *Classique des changements* à l'intérieur du domaine taoïste, alors même que l'ensemble des *Commentaires canoniques* du *Yi Jing* est « officiellement » attribué à Confucius. Ce n'est que quelques siècles plus tard que les taoïstes firent durablement main basse sur le *Yi Jing* en s'appropriant les trigrammes pour en orner leurs chasubles. Wang Bi se livra également à des réflexions très fines sur le rapport entre les hexagrammes, muets par nature à la différence des idéogrammes, les mots du texte canonique et les idées qu'ils contiennent. Selon ses propres dires, « les mots ne peuvent pas complètement exprimer les idées » car, comme l'explique Christine Barbier-Kontler, « ils ne sont qu'expression inadéquate d'une réalité intérieure, la manifestation extérieure d'une source qui demeure à jamais cachée et obscure[40] ». On reconnaît bien là l'idée inaugurale du *Dao De Jing* : l'impossibilité de parler du *dao* en des termes humains. De cette élégante défiance envers le texte canonique naquit, à l'époque des Song, une forme abâtardie du *Classique des changements*, le « *Yi Jing* du marché », lequel puisait sa justification théorique dans la *Numérologie de la Fleur de Prunier*, compendium numérologique du Nostradamus chinois Shao Yong (1011-1077) – texte qui sera curieusement, comme nous le verrons, une des bases du mouvement néoconfucianiste.

De la même manière, Wang Bi se sert en retour du *Yi Jing* pour commenter le *Dao De Jing*, centrant son commentaire de l'ensemble du texte sur le continuel dialogue entre « ce qui est » (有 yǒu) et « ce qui n'est pas » (無 wú). En l'assimilant à ce mouvement réciproque, Wang Bi transforme le *dao*, qui n'était à l'origine qu'un pseudonyme attribué au « fonctionnement des choses », en l'origine primordiale de la multiplicité des choses. Partant du couple entre unité et multiplicité, Wang Bi pose les bases d'un point de vue promis, malheureusement, à un bel avenir : la dépréciation du yin. Celui-ci, auquel est associé le multiple dans les *Commentaires canoniques* du *Yi Jing*, devient un simple *produit* du yang, auquel est associée l'unité. Cette tendance, encore discrète à l'époque du néotaoïsme et peu en faveur à l'époque des Tang (618-907), prévaudra avec le néoconfucianisme (XIIe siècle), aboutissant à l'horrible coutume des pieds bandés qui torturera les femmes chinoises pendant presque un millénaire.

À l'époque des Tang : les disputes taoïstes-bouddhistes

À partir du Vᵉ siècle, l'école philosophique du néo-taoïsme disparut complètement, supplantée chez l'élite lettrée par les débats passionnés que suscitait la montée en puissance du bouddhisme. Par contre, durant la dynastie Tang (618-907), le taoïsme en général se vit attribuer une place privilégiée par le pouvoir du fait qu'une tradition avait attribué à Laozi comme nom de clan le patronyme Li (李 lǐ), qui se trouvait également être le nom de clan de la famille impériale, laquelle ne manqua de se prévaloir de cette ascendance. Le *Dao De Jing* fut ajouté au programme des examens impériaux, le canon taoïste fut compilé et des écoles ouvertes dans tout l'empire pour l'enseigner. Lorsqu'en Chine une idéologie est prônée par le pouvoir, il s'ensuit généralement une manifestation livresque. Mao n'a pas failli à cette règle, mais il ne l'a pas inventée. Ainsi, l'empereur Xuanzong (712-756) décréta que toute famille devait posséder un exemplaire du *Dao De Jing*, mesure fort impopulaire car, à cette époque, les livres coûtaient fort cher, vu qu'ils devaient être recopiés à la main.

L'époque des Tang vit culminer la concurrence entre taoïsme et bouddhisme : chacun des enseignements, bien qu'ayant connu un cheminement différent, se manifestait sous la forme de communautés, de refuges hors du monde et proposait ce qui s'appelle ailleurs une « voie de salut » – tandis que le confucianisme propose plutôt une voie de rigueur personnelle à laquelle il s'agit de se tenir, quotidiennement, en vivant dans la société. Le fleurissement du bouddhisme sur les bords du fleuve Jaune ne faisait pas que des heureux parmi les Chinois. Notamment, les devins de marché, les guérisseurs de village, les chamanes et les exorcistes en tout genre voyaient avec inquiétude essaimer les monastères bouddhistes qui, de legs princiers en faveurs impériales, croissaient en somptuosité, attirant à eux de plus en plus de dévots et de pèlerins.

Les paysans et les marchands qui y affluaient n'étaient pas forcément touchés par la grâce de la compassion ; simplement, en bons pragmatistes, ils mesuraient l'efficacité des temples bouddhistes à leur réussite matérielle. En vertu du vieux principe chinois selon lequel « est vrai ce qui réussit, est faux ce qui échoue », chacun en concluait que pour pouvoir attirer tant de richesses, pour pouvoir être si florissants, les religieux bouddhistes devaient entretenir une relation privilégiée avec de bien puissants protecteurs célestes. Aussi tous ceux qui avaient besoin d'un coup de main des esprits pensaient-ils qu'il serait peut-être plus efficace d'aller s'adresser à ces bouddhistes à qui tout semblait réussir. Suppliants et quémandeurs venaient donc en grand nombre porter leurs offrandes aux monastères, brûler des bâtons d'encens, implorer la protection des grands saints et surtout y acheter force talismans protecteurs et porte-bonheur de toutes sortes.

Les lettrés confucéens, qui ont toujours regardé les superstitions paysannes avec une bonhomie indulgente, n'étaient pas offusqués par cet engouement. Les chanoines taoïstes, en revanche, regardaient d'un très mauvais œil cette secte indienne qu'on avait vue naguère entrer dans l'empire le bol de mendicité à la main et qui se pavanait maintenant dans des temples splendides où s'entassaient les dons de leurs anciens fidèles enjôlés par leurs sornettes compassionnelles. Cela ne pouvait plus durer. Il fallait réagir, défendre les traditions de la Chine éternelle et combattre l'ennemi avec ses propres armes. C'est ainsi que les officiants taoïstes mirent en place tout un décorum pour faire pied au cérémoniel bouddhiste. La religion taoïste, jusque-là plutôt fermée, communautaire, voire secrète, prit alors une autre allure. On vit apparaître des statues dorées, des temples peints, des cérémonies somptueuses et d'imposants vêtements sacerdotaux.

Le bouddhisme, sagesse peut-être honorable, mais assurément étrangère, injuriait par sa règle du célibat la plus sacrée des règles de la piété filiale : donner des petits-enfants à ses parents pour que leur âme continue d'être nourrie. Pour affirmer, contrairement aux bouddhistes, leur enracinement dans la tradition chinoise, les prêtres taoïstes, qui n'ont jamais pratiqué le célibat, ornèrent alors leurs chasubles des huit trigrammes, signes dont chacun, même le plus inculte des paysans, connaissait l'efficace puissance démonifuge et l'ancestrale existence au pays de l'empereur Jaune. Depuis lors, les trigrammes du *Yi Jing* n'ont pas quitté leurs robes de cérémonie. On les voit toujours brodés sur les grandes tuniques de soie des prêtres taoïstes traditionnels de Taïwan. Cet usage, au départ simplement « publicitaire », devint une marque d'appartenance qui fut pour beaucoup dans la méprise, fort répandue de nos jours, consistant à classer le *Classique des changements* parmi les ouvrages et les usages taoïstes. De la même façon, à partir de la dynastie des Song du Nord (960-1126), par réaction identitaire contre le néoconfucianisme, les prêtres taoïstes ajoutèrent aux huit trigrammes le dessin du Tai Ji, ☯, lorsque ce dernier fut « inventé » par un empereur en mal de reconnaissance.

Sous le pouvoir impérial à l'époque des Song du Nord (960-1126), puis des Song du Sud (1127-1279), l'heure était à une reconsidération générale des fondements de l'idéologie ; si des ouvertures furent faites en direction des bouddhistes et des taoïstes, leur tendance commune à s'affranchir du carcan impérial les tint plutôt à l'écart.

De la conquête mongole à nos jours

Kubilay Khan (1162-1227), petit-fils de Gengis Khan, se rendit maître de la Chine en 1260 et fonda la dynastie Yuan, qui devait régner pendant une centaine d'années. Ces fiers cavaliers pratiquant depuis toujours un chamanisme magique adoptèrent la variante tibétaine du bouddhisme, le Vajrayana ou bouddhisme tantrique, qui se mariait bien avec les pratiques ésotériques. Mais ils se trouvèrent également fascinés par les recherches taoïstes sur l'immortalité. Pour les encourager, ils exemptèrent d'impôts les congrégations taoïstes.

Les différents courants taoïstes se regroupèrent alors, et deux écoles en vinrent à dominer le paysage : l'école Zhengyi Mengwei (正一盟委 zhèng yī méng wěi), littéralement la « ligue de l'Unité Orthodoxe », et l'école Quanzhen Dao (全真道 quán zhēn dào), littéralement la « voie de la Complétude de l'Authentique ». La première, issue de Zhang Daoling, est une fédération d'écoles centrées sur les rituels et les talismans, présidée par les maîtres célestes, ayant une pratique plutôt ritualiste et séculière. La seconde, qui résulte de la fusion de deux courants alchimiques, de pratique plutôt ascétique, est centrée autour de communautés de type bouddhique.

La dynastie suivante, celle des Ming, refonda le pouvoir impérial chinois, particulièrement avec Yong Le (1403-1425) qui construisit la Cité interdite et le temple du Ciel. Cependant, Yong Le savait très bien que la menace mongole n'était pas anéantie; pour cette raison, il transféra sa capitale à Pékin, tout au nord de la Chine, afin d'être en première ligne en cas de nouvelle invasion, et il entreprit la reconstruction de la Grande Muraille. C'est pour les mêmes raisons stratégiques de défense qu'il voua un culte particulier à Xuan Wu, le Guerrier Noir, l'esprit du Nord. De là date l'essor du second grand centre des arts martiaux taoïstes, le mont Wudang, 武 當 山 wŭ dāng shān, littéralement la « montagne (山) où l'on pratique (當 S 当) les arts martiaux (武) ». Affectant plusieurs centaines de milliers d'ouvriers à la tâche, Yong Le y fit construire quatorze temples principaux, ainsi que de nombreux bâtiments auxiliaires qui parsèment cette fière chaîne de montagnes; aujourd'hui, depuis une trentaine d'années, les écoles d'arts martiaux ont refleuri, à l'instar de celles qui sont sorties de terre à l'ombre du monastère bouddhiste de Shaolin.

Enfin les Mandchous se rendirent maîtres de l'empire chinois en 1644, fondant la dynastie Qing. Pratiquant le lamaïsme tibétain comme leurs cousins mongols, ils tinrent les taoïstes à l'écart, considérant avec méfiance leur indépendance et leur nationalisme. Les ennuis du taoïsme avec les autorités s'aggravèrent à partir du début du XIXe siècle, les Qing percevant son lien avec la religion populaire comme un danger potentiel. Par ailleurs, l'image du taoïsme se dégradait auprès des intellectuels et des hauts fonctionnaires : son aspect « chamanique » fut qualifié de « rétrograde » et l'ensemble de ses pratiques perçues comme obscurantistes et comme un des obstacles qui empêchaient la Chine d'entrer dans la modernité. Finalement, en 1920, une loi interdit tous les temples dédiés aux divinités des éléments et des phénomènes naturels, ainsi que l'usage des talismans et autres protections magiques, n'autorisant que les temples consacrés à des personnages illustres et exemplaires. Le taoïsme ne fut pas le seul à souffrir de ces mesures de rejet : en fait, c'est tout le passé culturel traditionnel chinois qui, en cette époque de désarroi, était rejeté en bloc. Un décret du Guomindang interdit même l'acupuncture et le professeur Liang Qichao (1873-1929), grand avocat du renouveau social, alla jusqu'à écrire qu'il était « humiliant » d'avoir à inclure le taoïsme dans l'histoire chinoise car, disait-il, « le pays n'en a jamais tiré aucun avantage ».

L'arrivée au pouvoir des communistes en 1949 n'arrangea rien. En 1957, dans le cadre du mouvement pour les Trois Autonomies destiné à mettre fin à la dépendance financière, idéologique et administrative des « religions chinoises » vis-à-vis d'institutions étrangères, le gouvernement fonda l'Association taoïste chinoise dans le but de mieux contrôler l'ensemble très disparate des différentes écoles, s'engageant en contrepartie à restaurer et entretenir les temples les plus célèbres. Vint la Révolution culturelle et, dès 1966, toute pratique cultuelle fut interdite, l'Association taoïste dissoute, les temples et les monastères fermés et leurs occupants envoyés cultiver les champs.

Après la mort de Mao en 1976 et surtout suite à la politique d'ouverture menée par Deng Xiaoping revenu au pouvoir en 1978, le ciel s'est éclairci pour les taoïstes. Dès mai 1980, l'Association taoïste chinoise a été reconstituée. Elle a tenu ses assemblées au temple des Nuages

Blancs (Baiyun Guan) de Pékin, resté le temple principal de l'école Quanzhen Dao, qui a rouvert en 1984, autant comme lieu touristique que comme sanctuaire religieux. Les associations locales ont été reconstituées grâce à la mémoire d'anciens maîtres, à l'ardeur de jeunes recrues ainsi qu'à l'aide précautionneuse d'associations taoïstes de Taïwan et des communautés d'outre-mer. C'est ainsi que le 17 septembre 1993 a eu lieu dans le temple des Nuages Blancs la grande cérémonie Luotan Dajiao (罗天 打醮 luó tiān dǎ jiào), cérémonie solennelle en l'honneur des « immortels » pour les remercier de leurs bienfaits ; cette cérémonie n'avait plus été organisée depuis l'empereur Jia Qing (1796-1821). À cette occasion, le grand maître de la cérémonie a déclaré : « Pour faire rayonner la culture de notre patrie et promouvoir les traditions taoïstes, les supérieurs des temples taoïstes de tous les monts célèbres situés sur les deux rives du détroit de Taïwan et à Hong Kong se sont rassemblés ici aujourd'hui pour la sauvegarde de notre pays, la protection de notre peuple, afin d'appeler la bénédiction du Ciel et d'exprimer l'amour loyal des disciples taoïstes pour la Chine[41]. »

Le confucianisme

Voltaire le confucéen

«Voilà un endroit commode en cas de problème avec l'administration royale», pensa Voltaire lorsqu'en 1759 il s'installa à Ferney, petit village à moins d'une heure de cheval de la frontière suisse et de la ville de Genève.

Durant les années où il y résida, le philosophe allait faire beaucoup pour Ferney. Il y fit bâtir plus d'une centaine de maisons, finança la construction d'une église, d'une école, d'un hôpital, d'un réservoir d'eau et d'une fontaine publique; il fit aussi assécher les marais avoisinants, dynamisa le commerce local en créant des foires et des marchés, incita des artisans à s'y implanter, prêtant gratuitement de l'argent aux communes voisines. Durant la grande disette de 1771, il nourrit à ses frais la plus grande partie des villageois. Tant et si bien qu'à sa mort en 1778, la population comptait plus d'un millier d'habitants. Le «patriarche de Ferney», comme on l'appelait alors, n'avait pas que le bien public en tête : il avait aussi la passion de la justice, ce qui l'avait amené à défendre des gens comme Calas, Sirven, le chevalier de La Barre ou le comte de Lally. Diamant du siècle des Lumières, Voltaire inaugurait en Occident la figure de l'intellectuel engagé. Combattant résolu de l'absolutisme royal, il parcourut l'Europe en quête d'un souverain grâce à qui ses idéaux pourraient devenir réalités. Croyant l'avoir trouvé avec Frédéric II, il partit pour Berlin, mais revint bientôt dans son domaine savoyard. Ferney n'était pas pour lui une retraite, mais un quartier général d'où il menait son combat pour augmenter le niveau d'humanité du monde dans lequel il vivait. Coiffé d'un drôle de bonnet à pompons, assis dans un de ces fauteuils à haut dossier qui maintenant portent son nom, il écrivait livres, lettres et pamphlets. Quand il levait les yeux, son regard se posait sur un portrait qu'il avait disposé au-dessus de sa cheminée : celui d'un philosophe chinois avec lequel il se sentait de grandes affinités. Comme il avait lu dans la légende de ce Chinois que c'est grâce à lui qu'avait été instaurée en Chine l'aristocratie du savoir et non celle du sang, il lui avait dédié un quatrain qu'il avait fait reproduire sous son portrait :

« De la seule raison salutaire interprète
Sans éblouir le monde, éclairant les esprits
Il ne parla qu'en sage et jamais en prophète
Cependant on le crut, et même en son pays. »

Voltaire était-il confucéen ? Difficile de répondre à cette question. Ce qui est sûr, c'est qu'il n'était pas partisan du confucianisme. Il faut en effet distinguer trois niveaux bien distincts, bien qu'ils appartiennent tous à la même sphère.

Le premier niveau est constitué par Confucius lui-même : un personnage parfaitement historique dont on connaît bien la vie, la pensée, les défauts, les grandeurs et les mesquineries grâce à un livre unique dans l'histoire de l'humanité par son impact : les *Entretiens* ou *Lun Yu*. Le second niveau est constitué par les confucéens : ce sont des gens tout simples, comme vous et moi, sauf qu'ils ont décidé de faire de ce qu'enseigne Confucius le socle moral de leur vie, allant jusqu'à braver la mort s'il le faut. Il y en eut à toutes les époques et tout le monde connaît le plus récent d'entre eux, même si, heureusement pour lui, personne ne sait son nom ; c'est cette frêle silhouette qui, un jour de juin 1989, s'est dressée devant une colonne de chars avenue Chang'An à Pékin. Et puis il y a un troisième niveau, qui est hélas le plus connu : le confucianisme. Sous ce nom se trouve la morale d'État se réclamant de certaines de ses idées, particulièrement le respect de l'autorité et l'obéissance à la hiérarchie, que développa le pouvoir impérial à partir de la dynastie des Han (IIe siècle avant notre ère- IIe siècle après). Devenant de plus en plus rigide au cours des siècles, ce dévoiement produisit, à l'époque du néoconfucianisme (dynastie des Song, Xe-XIIe siècle), une chape idéologique étriquée et étouffante qui aurait certainement révolté Confucius, lui qui toute sa vie s'était ingénié à former des êtres droits et libres. Malheureusement, c'est cette pensée politique qui, depuis les Ming (1368-1644) jusqu'à la chute de l'empire sous les Qing (1644-1911), fut aux commandes de l'État. On comprend mieux alors pourquoi, en mai 1919, au pire moment de son humiliation historique, la Chine cria toute sa détestation de la « boutique confucéenne ».

La modernité de Confucius

L'époque de Confucius ressemble un peu à la nôtre. Et c'est peut-être pour cela que sa parole sonne toujours si juste aujourd'hui. Il vivait il y a vingt-cinq siècles dans une Chine qui, à l'instar de notre monde actuel, était en proie à des bouleversements technologiques et sociaux rendant le passé instable et le futur incertain. Des inventions incessantes produisaient des outils dont la dissémination, en moins d'une génération, renversait l'échelle des valeurs sur lesquelles s'appuyait le monde précédent, faisant vaciller jusqu'aux fondements de la vie sociale et de la morale commune.

Au Ve siècle avant notre ère, en Chine, ce qui bouscule l'ordre social millénaire, c'est la généralisation du fer métallique fondu dans des bas-fourneaux (et non plus du minerai de fer forgé à froid), matériau qui n'atteindra l'Occident que vers le XIIIe siècle, y provoquant la mutation du roman au gothique. Avec ce fer, on fait des charrues puissantes et des épées mordantes. Les premières décuplent les rendements agricoles, ce qui aboutit à une augmentation de la population qui bouscule les règles traditionnelles de la guerre féodale. À la joute en dentelle entre princes, échangeant des invectives rimées entre deux élégants duels à l'arc, succède le choc brutal d'immenses armées de fantassins armés d'épées en fer. Un monde féodal commence à sombrer ; il mettra deux siècles à devenir impérial mais il le restera deux millénaires durant au moins – car rien ne dit que, malgré son apparente modernité, il ait aujourd'hui fondamentalement changé. Confucius n'est pas pour rien dans cette pérennité. Son coup de génie, au tournant des années – 500, fut d'ouvrir les temps nouveaux sous couvert de faire appel au passé en fondant la première école privée du monde.

« J'offre mon enseignement à quiconque me rémunère, ne fût-ce que d'un simple cadeau de viande séchée[1]. » Le propos paraît anodin, voire trivial, mais dans le contexte de l'époque, on peut difficilement imaginer proposition plus révolutionnaire. Dans un système féodal, seuls les fils de nobles ont droit à l'instruction. En proposant son enseignement contre quelques lamelles de viande séchée, Confucius rompt ce tabou et proclame une vérité novatrice : la seule noblesse qui compte est celle du cœur, pas celle du sang. Or, si la première se reçoit à la naissance, la seconde s'acquiert : elle est donc ouverte à tous. Son apprentissage est ce que Confucius appelle l'« étude », un profond souci de s'améliorer sans cesse qui n'a rien à voir avec un savoir livresque et qui n'a pas d'autre but que l'amélioration de la qualité des rapports humains. C'est pourquoi Confucius donne aussi à cette recherche d'un constant perfectionnement de soi le nom d'« humanité ». Enfin, en posant l'exigence morale au premier rang, Confucius fonde l'humanisme moderne et invente le droit des peuples à exiger le meilleur de leurs dirigeants.

Il va faire éclore une nouvelle classe sociale comme il n'en existera dans aucun autre pays au monde, un groupe hautement qualifié du point de vue moral et professionnel qui va administrer la Chine pendant toute la durée de l'empire, même aux périodes de totale désunion : le corps des « lettrés ». L'idéal d'exigence morale au service de l'État que Confucius leur a inculqué va, pendant deux mille ans, leur tenir lieu de titre de noblesse.

La naissance de Confucius

À la différence de Laozi, le personnage de Confucius est parfaitement identifié par l'histoire. Peut-être même un peu trop. Simon Leys fait en effet remarquer que « les dates traditionnelles (551-479 avant notre ère) de sa naissance et de sa mort sont d'une précision qui suscite le scepticisme », mais, ajoute-t-il, « la science moderne n'a rien de mieux à proposer[2] ».

Un autre argument rend ces dates encore plus douteuses, c'est le comput qu'elles proposent. Si l'on compte bien, Confucius serait donc mort à l'âge de soixante-douze ans, un âge fort avancé pour l'époque et qui témoigne d'un puissant souffle vital. Mais ce qui est curieux, c'est que l'hagiographie confucéenne précise aussi que le maître s'est éteint entouré de ses disciples les plus proches, qui étaient au nombre de… soixante-douze. Or, dans la symbolique numérique traditionnelle chinoise soixante-douze, en tant que quatre fois dix-huit, est le nombre emblème d'un ensemble complet et parfaitement organisé[3].

Confucius ne pouvait pas être, comme Laozi, une ombre évanescente qui naît vieux et disparaît sans mourir ni laisser de traces. Il fallait bien que les bornes de sa vie soient des marques visibles de ce que la postérité entendait qu'il représente. La légende s'en est parfaitement chargée.

Son nom de famille était 孔 kǒng, un idéogramme demeuré assez courant et qui signifie « gorge ». Dans sa dénomination la plus courante en chinois, 孔夫子 kǒng fū zǐ (qui sera latinisée en Confucius par les jésuites), les deux derniers idéogrammes sont des termes honorifiques. Il s'agit donc du « Grand Maître Kong ». Son prénom personnel était 尼 ní, un vieil idéogramme déjà obsolète à son époque, n'étant plus employé que dans certains noms de lieux, et particulièrement pour le mont Ni, montagne proche de son lieu de naissance dont le sommet de forme concave abritait une intense vie végétale, animale et magique. On y venait prier pour des vœux de fécondité : c'est ce que fit sa mère pour obtenir un fils.

Confucius est né d'une union que la tradition, un peu embarrassée, qualifie d'« excessive ». Son père était un général, un homme de haute stature, célèbre pour ses exploits militaires et sa force physique, mais malheureux en famille car sa femme légitime lui avait donné sept filles et un seul garçon qui, étant difforme (boiteux, pense-t-on), ne pouvait rituellement tenir la place du fils dans le culte ancestral. Sa mère est moins connue, certains pensent qu'elle était une chamanesse[4] et que Confucius fut conçu dans un endroit « sauvage », c'est-à-dire hors norme ou en pleine nature. Son père aurait dit à sa mère que si, à la suite de cette union, elle lui donnait un fils, il l'épouserait officiellement. C'est pour cela qu'elle était allée prier avec ferveur au mont Ni. Exaucée, elle voulut que le nom de son fils rappelle cet événement, aussi Confucius reçut-il comme nom personnel 丘 qiū, « monticule », et comme appellation sociale 仲尼 zhòng ní, littéralement le « second (d'une fratrie), né par la grâce du mont Ni ». Ensuite, le père de Confucius disparut rapidement de la scène (certains disent même qu'en apprenant qu'il avait enfin un fils normal, il aurait eu une attaque). L'enfant fut élevé par sa mère et, n'ayant reçu aucun bien en héritage, il devra travailler toute sa vie pour subsister.

À dix-neuf ans, sa mère étant morte, il devint un petit fonctionnaire local, en charge des poids et mesures et des greniers ; il se maria et eut un fils qui, hélas, était vraisemblablement déficient mental. Sa vie aurait pu se poursuivre ainsi sans relief si, à l'âge de vingt-neuf ans, il n'avait quitté son poste pour ouvrir son école. Dès lors sa vie se confondit avec son enseignement : il allait former une vingtaine d'années durant toute une génération de jeunes gens dont certains occuperaient par la suite des postes importants dans les différents royaumes de la Chine d'alors.

Les portraits de Confucius

À quoi pouvait ressembler Confucius à ce moment de sa vie ? Il est impossible de répondre à cette question, aucun portrait exécuté de son vivant ne nous étant parvenu. Tous ceux dont on dispose aujourd'hui sont apocryphes et aussi réalistes que ceux de Jésus ou de Sakyamuni. Plus grave, ils ne reflètent rien d'autre que l'époque durant laquelle ils furent conçus et sont donc, au fur à mesure que passent les siècles, de plus en plus représentatifs du confucianisme plutôt que de Confucius lui-même. Ainsi, un portrait du VIIIe siècle pérennise une vision politique de Confucius qui est un véritable déni de ce qu'il fut. En le représentant avec des ongles longs, on lui a donné l'attribut des mandarins, qui montrait qu'ils n'avaient pas besoin de travailler pour vivre. Quelle insulte pour Confucius qui, toute sa vie durant, a travaillé pour gagner sa vie ! Il l'avoue lui-même, ce n'était pas certes par goût mais par besoin : « C'est pour n'avoir pas reçu de charges officielles que je suis compétent dans plusieurs métiers[5]. » Mais il nous reste heureusement bien mieux que ces images frelatées produite par le confucianisme d'État : un portrait de Confucius par lui-même, particulièrement étonnant.

Les *Entretiens* racontent l'anecdote suivante : un jour, un haut fonctionnaire du royaume de Chu, qui avait une certaine réputation de sagesse, rencontra Zilu, un proche disciple de Confucius, et lui demanda de lui parler de son maître. À cette requête, Zilu resta muet. L'affaire étant parvenue aux oreilles de Confucius, ce dernier fit venir Zilu et lui dit alors : « Que ne lui avez-vous répondu : "C'est un homme qui, dans son ardeur d'apprendre, en oublie de manger et, dans sa joie d'y arriver, l'inquiétude : il ne sent pas la vieillesse approcher"[6] ? » Voilà un portrait de Confucius qui tranche, par sa fraîcheur et sa vivacité, avec l'image compassée d'un pisse-froid que nous ont léguée des dynasties réactionnaires et en particulier les héritiers du néoconfucianisme. Ce qu'il y a de remarquable dans ce portrait, souligne François Jullien, c'est que Confucius ne se décrit ni extérieurement ni objectivement. Il ne parle pas de lui-même, mais de ce qui l'anime, se résumant à un double mouvement : « la recherche, si ardente qu'il en oublie même de se nourrir ; la joie d'y parvenir qui est si complète qu'il en oublie même la vieillesse ». Et il fait également remarquer que « ni l'objet de la quête ni celui du bonheur ne sont précisés. Il ne s'agit pas d'un savoir ou même d'un objet. (…) Le Maître ne se décrit pas comme détenteur de sagesse ou de connaissances » mais seulement dans sa tension à perpétuellement s'améliorer. Simon Leys trouve lui aussi « très révélateur que Confucius ait choisi l'enthousiasme (l'ardeur) comme le trait dominant de son caractère, qu'il ait choisi de se définir lui-même comme animé par cette énergie passionnée qui le maintient dans une sorte de perpétuelle jeunesse[7] », ce qui est confirmé par Confucius lui-même : « Je n'éclaire que les enthousiastes ; je ne guide que ceux qui brûlent de s'exprimer[8]. » C'est le culte confucianiste imposé petit à petit par le pouvoir impérial qui va figer les traits de Confucius en une image de propagande solennelle, pédante et pompeuse, débordant de mornes stéréotypes face à laquelle certains passages des *Entretiens* forment un contraste rafraîchissant.

Après avoir formé une génération de futurs serviteurs de l'État, Confucius, à l'âge de quarante ans, commença à parcourir les différents royaumes à la recherche (comme le feront à leur tour Descartes et Voltaire) d'un souverain qui lui donnerait les moyens, en tant que premier ministre, de mettre ses théories politiques en application. Mais comme les princes d'alors, constamment en guerre les uns contre les autres, préféraient les ruses de Machiavel à la droiture de Confucius, celui-ci erra, rejeté de principauté en principauté pendant près d'une dizaine d'années.

C'est ainsi qu'un jour, traversant les landes désolées du pays de Chen, il trouva en flammes la ville où il avait prévu de se ravitailler. Obligés de poursuivre leur marche, Confucius et son groupe n'eurent bientôt plus rien à manger, tant et si bien que « les disciples se trouvèrent malades au point de pouvoir à peine se tenir sur leurs jambes. Alors Zilu vint trouver le Maître et lui dit fort en colère : "Comment se peut-il que des hommes de bien tombent en pareille détresse ?" Ce à quoi Confucius lui répondit : "Bien sûr que des hommes de bien peuvent tomber dans la plus extrême détresse. Mais eux savent l'affronter avec courage. C'est l'être de peu d'envergure qui, en pareille situation, se laisse aller au ressentiment"[9] ».

Finalement, parvenu à la cinquantaine, ce qui à l'époque était déjà un âge avancé, ayant atteint les rives du fleuve Jaune, il comprit qu'il était inutile de poursuivre et que jamais ne lui serait donnée l'occasion de mettre en pratique ses conceptions à l'échelle d'un pays entier. Il passa par un intense moment de découragement puis, se retournant d'un coup vers ses disciples, leur dit : « Comme ce fleuve, toujours aller de l'avant, sans trêve, jour et nuit[10] », et il repartit à Qufu reprendre son enseignement jusqu'à sa mort.

La forêt des Kong

Confucius s'endormit tranquillement à l'âge de soixante-douze ans, entouré de ses soixante-douze premiers disciples. Ceux-ci l'enterrèrent au nord de Qufu, sous un simple tumulus de terre couvert d'herbe vivace, tombe toute simple qui existe toujours, bien que le paysage environnant ait considérablement évolué. D'abord, autour de la tombe du maître, les disciples ont planté des thuyas, des genévriers, des pins et des acacias, ramenés de toutes les provinces de Chine. L'endroit a pris le nom de « forêt des Kong » ou encore « forêt du Grand Sage ». Alentour, on a installé la tombe de son fils, puis celle de son petit-fils avec sa femme, ensuite celle de son arrière-petit-fils avec sa famille, celle de son arrière-arrière-petit-fils, et ainsi de suite jusqu'à nos jours, sans la moindre interruption durant soixante-seize générations.

C'est ainsi qu'est né ce lieu magique qui s'étend aujourd'hui sur plus de deux cents hectares, le plus vaste et le plus ancien cimetière privé du monde. Dans un incroyable enchevêtrement de statues, de stèles, de tumulus, deux cent mille personnes y reposent, dont les trois quarts portent le même nom de famille, celui de Confucius : Kong. Étonnant exemple de la pérennité chinoise : aucune dynastie impériale, aucune lignée royale ne peut revendiquer une telle continuité par-delà tant de siècles et de soubresauts de l'histoire. Le soixante-dix septième descendant en ligne directe de Confucius, M. Kong Decheng, vit actuellement à Taïwan.

Lun Yu, *les* Entretiens

Simon Leys a raison de rappeler ce fait rarement noté en Occident : nul livre, dans toute l'histoire du monde, n'a plus que les *Entretiens* exercé, durant une aussi longue période, une si profonde influence sur tant d'êtres humains. Ce mince petit recueil a inspiré tous les peuples de l'Asie orientale en général et est resté en particulier la pierre angulaire de la plus ancienne civilisation vivante de notre planète, la civilisation chinoise.

La première traduction en langue occidentale (en latin) apparaît en 1687. Comme Philippe Couplet traduit le titre chinois par « Les Entretiens des rationalistes » (*Sermones ratiocinantium*), le titre d'*Entretiens*, bien qu'il ne corresponde pas bien au titre chinois, est demeuré en usage – parfois remplacé par *Analectes*, mot savant construit à partir du grec *analektos*, « recueil », apparu au XIXe siècle pour désigner des anthologies érudites.

Utilisés indépendamment, les deux caractères du titre original, 論 語 lún yǔ, signifient, pour le premier (論 S论 lún) « examiner, discuter, choisir » et pour le second (語 S 语 yǔ) « paroles, propos, dire, s'entretenir* ». Ensemble, ils

* On retrouve ce mot dans le titre officiel du *Petit Livre rouge* : *Citations du président Mao* (毛主席语录 máo zhǔ xí yǔ lù).

signifient «choix de propos», ce qui est plus conforme à la composition de l'ouvrage. Celui-ci est en effet constitué de cinq cent seize paragraphes dont seulement un quart sont des dialogues et plus de la moitié de simples déclarations. Ces paragraphes, aux propos assez discontinus, sont regroupés en vingt chapitres selon une logique difficile à reconnaître, bien que certains chapitres présentent une certaine cohérence interne. La seule chose vraiment remarquable dans la composition de l'ouvrage réside finalement dans les passages par lesquels il s'ouvre et se ferme. La première phrase du premier paragraphe commence par ce maître mot de l'enseignement confucéen : «étudier». Ce paragraphe se poursuit par l'évocation de l'amitié, la grande valeur prônée par Confucius, et se termine par une phrase qui semble évoquer de manière prémonitoire le destin de Confucius lui-même :

> «Étudier (sous-entendu : une règle de vie) et l'appliquer au moment juste, n'est-ce pas là une grande joie?
> Avoir des amis qui viennent de loin (sous-entendu : pour vous rendre visite), n'est-ce pas là un grand bonheur?
> Être ignoré des gens et n'en concevoir nulle amertume, n'est-ce pas là le comportement d'un être accompli[11] ?»

Quant au paragraphe qui clôt l'ouvrage, il se termine par «connaître les humains», après s'être lui aussi développé selon un rythme ternaire :

> «Qui ne connaît le mandat (du ciel), ne peut agir en être accompli
> Qui ne connaît les rites ne sait comment se tenir
> Qui ne connaît les (sens des) mots ne peut connaître les humains[12].»

L'ouvrage est le résultat d'une compilation méticuleuse menée par deux générations successives de disciples par qui toutes les personnes qui avaient rencontré ou entendu parler de Confucius ont été visitées, interrogées sur ce dont ils se souvenaient de ce que leur avait dit Confucius et sur la signification que ces propos pouvaient avoir. Ensuite, toutes ces informations ont été recoupées entre elles; ce travail de restitution s'est achevé à peine soixante-quinze ans après la mort du Maître.

Le résultat est surprenant. On ne dirait pas un livre, mais un enregistrement aléatoire au magnétophone. Hegel ne s'y est pas trompé; François Jullien rapporte avec malice le jugement que le philosophe allemand portait sur Confucius dans son *Histoire de la philosophie*[13] : d'après Hegel, les *Entretiens* se résumeraient « pour l'essentiel à des prescriptions insipides et des indications dont la morale y serait certes bonne et honnête, mais sans plus ».

Il n'est pas difficile d'imaginer que ce qui a le plus déplu à l'auteur de la *Phénoménologie de l'esprit* et de l'*Encyclopédie des sciences philosophiques* ait moins été l'apparente « insipidité » des *Entretiens* que leur organisation assez décousue. Il le dit lui-même : « Ne nous attardons pas à y rencontrer de profondes recherches philosophiques et encore moins de la *spéculation*. Pour nous, il n'y a rien dans son enseignement. Le *De officiis* de Cicéron vaut peut-être mieux et offre pour nous plus d'intérêt que tous les livres réunis de Confucius. » Et sa conclusion tombe comme un couperet : « Il aurait peut-être mieux valu pour la réputation du sage chinois que l'on n'eût point traduit ses œuvres. »

Particularité du style du Lun Yu

Hegel a parfaitement raison : il n'y a aucune « spéculation » dans les *Entretiens*, pas de grande construction théorique comme les philosophes occidentaux en ont bâti à foison. Il ne s'agit pas d'un exposé dialectique mais d'un matériel didactique. Les propos de Confucius ne sont pas « insipides », mais incitatifs : ils demandent un effort de la part de celui qui les reçoit, ils doivent *infuser*. Confucius, lorsqu'il est interrogé, ne donne pas une solution, il répond par un propos qui a la vertu d'enclencher chez son interlocuteur une réflexion juste. En cela, ses réponses ressemblent à celles qu'offre le *Yi Jing* à celui qui l'interroge sur la bonne marche à suivre, consonance qui explique bien pourquoi l'attribution à Confucius de la totalité des *Commentaires canoniques* du *Classique des changements* a toujours paru une évidence aux lettrés chinois. Le travail opéré par les *Entretiens* se rapprocherait plus de celui de Socrate que de celui de Platon. Confucius n'explique pas, il incite. Ainsi, alors que son disciple Zigong lui pose une question et, à la suite de sa réponse, propose une citation du *Canon des poèmes* qui en élargit la signification, Confucius s'exclame avec enthousiasme : « Ah ! Zigong, on t'enseigne une chose et tu es capable d'en déduire une autre[14]. » À l'inverse, il juge sévèrement les élèves passifs : « Quand j'ai soulevé un angle de la question, si l'élève n'est pas capable d'en déduire les trois autres, je ne lui répète pas la leçon[15]. » Là aussi, François Jullien l'a bien remarqué : « Le propos confucéen partage (avec la maxime telle que la pratique, par exemple, La Rochefoucauld) le choix de la "brièveté" qui tend à rendre plus actif l'esprit de l'auditeur ou du lecteur. (...) Sa parole laisse d'autant plus à penser qu'elle commence seulement à dire[16]. » Et Rémi Mathieu renchérit en citant Confucius lui-même : « Étudier, c'est avancer, ce n'est pas atteindre[17] », à l'unisson avec Jean Lévi qui souligne qu'« à celui qui l'écoute, l'apparente vacuité des propos de Confucius est source de perplexité, et cette perplexité appelle la réflexion[18] ».

Plus frappante encore, lorsqu'on parcourt les *Entretiens*, est parfois l'insignifiance de ce dont il est question. Un rien suffit à Confucius pour proposer à ses interlocuteurs de vastes horizons. Ainsi, il se promène en campagne et voilà qu'un oiseau s'envole* ; il se tourne alors vers ses disciples et se met à commenter un vers du *Canon des poèmes*, tirant de la circonstance autant une indication morale qu'une compréhension efficace d'un problème auquel la philosophie occidentale n'a encore apporté que des réponses partielles : la question du hasard. Le vers en question est le suivant : « En pépiant, le loriot jaune se pose au creux touffu d'un coteau », et l'enseignement qu'en tire Confucius est : « Le loriot se pose là où il doit. Comment se fait-il que les humains ne sachent pas se conduire comme lui ? » À qui les observe simplement, les oiseaux paraissent s'envoler et se poser au hasard. Pourtant, Confucius nous fait remarquer que, puisque les oiseaux peuvent se poser n'importe où, ils se posent toujours là où ils doivent, c'est-à-dire là où ils sentent qu'ils sont en parfait accord avec l'ensemble

* L'anecdote est rapportée dans *La Grande Étude* (3/2), texte attribué au petit-fils de Confucius qui compte parmi les quatre ouvrages confucéens majeurs devant être connus par cœur pour passer les examens impériaux.

de la situation. Le hasard, que nous ressentons en Occident comme ce qui n'est relié à rien parce que inséré dans aucune causalité, est au contraire perçu par l'esprit chinois comme ce qui relie tous les éléments concomitants d'une situation. Et l'être humain peut apprendre à faire ce que l'oiseau sait naturellement : placer son agir personnel en harmonie avec le moment. François Jullien a bien noté que « chez Confucius, le propos n'est ni sentencieux ni anecdotique, il est sans prétention théorique ni initiatique, le "petit fait" qu'il évoque vaut comme indice de la totalité[19] ».

L'amélioration de soi

Voilà certainement la vraie passion de Confucius, et la seule qualité qu'il acceptait de se reconnaître : « Même dans un hameau d'une dizaine de feux, vous êtes sûr de trouver quelqu'un d'aussi loyal et digne de foi que moi. Mais qu'il y en ait un aussi désireux que moi de s'améliorer sans cesse, je ne le pense pas[20]. » Et le résultat ne tarda pas à se manifester : on lit dans *La Grande Étude*, un des grands textes confucéens, tiré de l'ancien *Livre des rites* et attribué au petit-fils de Confucius : « Du fils du Ciel aux gens du peuple, pour tous il n'était qu'un seul et même principe : prendre comme fondamental le perfectionnement de soi-même[21]. »

Pour Confucius, il ne fait aucun doute qu'il s'agit là d'un fondement inaliénable de son enseignement. À son disciple Zilu qui lui demande ce qu'est un « être accompli », il répond : « Celui qui s'améliore et ainsi sait comment respecter. » Têtu, Zilu demande : « Est-ce tout ? » Nullement décontenancé, Confucius reprend : « Il s'améliore et ainsi procure l'apaisement aux autres. » Et Zilu de revenir à la charge : « Est-ce tout ? » Et Confucius d'élargir sa réponse : « Il s'améliore et procure ainsi l'apaisement au peuple entier », mais il ajoute : « Là, Yao et Shun (deux grands souverains mythologiques) eux-mêmes ont peiné[22]. »

L'amélioration continuelle de soi n'est pas la recherche obstinée de la performance, mais bien plutôt la recherche tenace d'un développement progressif de cette aptitude qui pousse les humains vers le bien tant pour eux-mêmes que pour les autres.

Mengzi (Mencius) développera cette idée confucéenne que chacun porte en soi cette propension, mais que la posséder n'est pas suffisant : il faut la cultiver, la faire tendre vers son épanouissement. Et pour cela, comme nous le verrons plus loin, Confucius pense que le rite est une aide. Laozi, nous l'avons vu, raille cette idée au chapitre 48 du *Dao De Jing* : « L'étude, c'est chaque jour un peu plus », parce qu'il lui semble que cette discipline va à l'encontre du développement de la spontanéité en harmonie avec le flux du *dao*. Mais ce qu'il néglige, c'est que la conception confucéenne de l'étude n'est pas synonyme de plus d'efforts, mais d'une certaine rigueur dans le dialogue face à soi-même : « Maître Zeng (un important disciple de Confucius) dit : "Chaque jour je m'examine plusieurs fois. Me suis-je fidèlement acquitté de mes engagements ? Me suis-je montré digne de la confiance de mes amis ? Ai-je mis en pratique ce qu'on m'a enseigné[23] ?" »

Rectifier les noms

Un jour, le disciple Zilu vient vers Confucius et lui demande tout de go : « Imaginons que vous êtes appelé au gouvernement. Quelle est la première mesure que vous prenez ? » Immédiate, la réponse de Confucius en a étonné plus d'un : « Je rectifie les noms[24] ! » Certains en ont même conclu que l'ambition suprême de Confucius était de faire un dictionnaire*.

Que veut-il dire par là ? Que les noms, plus que des dénominations, sont des injonctions. Lorsqu'un nom est adéquat, il porte en lui l'indication de l'attitude juste à tenir envers ce qu'il désigne. N'est-ce pas une question toujours actuelle ? « On change les mots faute de changer les choses. Ou bien pour *ne pas* les changer peut-être », écrivait il y a presque vingt ans Michel Schneider, ajoutant : « Le cancer fait peur, appelons-le longue maladie. Les pauvres sont laids, qu'ils cèdent la place aux économiquement faibles. Et selon le même principe, les aveugles seront des malvoyants, les homosexuel des gays, l'avortement une interruption volontaire de grossesse et les vieux un troisième âge. (…) L'euphémisation croissante promet toujours la fin du mal et du malheur à nos sociétés se voulant plus consensuelles et égalitaires qu'elles ne le sont[25]. »

* Cette fable a la vie dure. On la retrouve en première page du *Monde* (27 avril 2000) sous la plume d'André Fontaine (« Démocratiser la mondialisation ») : « On connaît le mot de Confucius : “Si j'étais empereur, je commencerais par faire un dictionnaire afin de rendre aux mots leur sens.” »

L'Être Accompli

Confucius ne se soucie pas de savoir si l'être humain est naturellement bon ou mauvais – il laissera ce genre de débat à ses successeurs –, une seule chose compte à ses yeux : l'être humain est perfectible. En disant : « Mon enseignement s'adresse à tous, sans aucune discrimination[26] », il a gravé dans le cœur des Chinois une indéracinable estime pour l'étude, la civilité, l'âge et la famille. Seulement, pour qu'une idée nouvelle s'ancre dans la mentalité ambiante, il faut qu'elle porte un nom nouveau. L'honnête astuce de Confucius est de baptiser son idée d'un terme ancien auquel fut ainsi donnée une signification nouvelle.

Conscient de ce que la noblesse de son temps a perdu tout respect des valeurs féodales, Confucius se fixe comme tâche de former des sortes de chevaliers laïques qui tiendraient leur noblesse non de leur naissance, mais de leurs seules qualités morales. À cet idéal novateur, il donne comme nom un vieux terme nobiliaire, 君子 jūn zǐ, qui signifiait alors « fils de noble », voire simplement « noble sire ». Par le choix de cette expression, Confucius pose ouvertement que chacun peut accéder au statut de « fils de noble », indépendamment de son « origine de classe » (comme on dira du temps de Mao), uniquement par cette propension qu'il appelle « étudier ».

Dans le texte des *Entretiens*, le personnage du *jun zi* intervient souvent, particulièrement dans des parallélismes. À une question posée, Confucius, au lieu de donner une solution, propose parfois le choix entre deux attitudes dont l'une, adéquate, est attribuée au *jun zi*, l'autre, dissonante, au 小人 xiǎo rén, l'« être petit », l'être mesquin, l'anti-modèle dont la seule utilité est de montrer ce qu'un confucéen digne de ce nom ne doit pas faire. Par exemple : « Chacun suit sa pente, l'être petit en la descendant, le *jun zi* en la remontant[27]. »

On retrouve également ce procédé comparatif dans le texte canonique du *Yi Jing*, signe supplémentaire de la communauté de pensée qui relie les deux textes. Par exemple, on lit : « Le *jun zi* obtient un chariot, l'être petit l'usure de sa cabane » (hexagramme 23, « USURE », 6e trait) ou bien : « L'être petit opère par force, le *jun zi* opère sans » (hexagramme 34, « GRANDE FORCE », 3e trait) ou encore : « Le *jun zi* transforme telle la panthère, l'être petit révolutionne son visage » (hexagramme 49, « RÉVOLUTION », 6e trait).

Dans la perspective ouverte par le maître des *Entretiens*, le *jun zi*, c'est vous, c'est moi, c'est toute personne qui, par l'étude, et notamment celle du *Yi Jing*, intègre une perception des situations qui lui permet de s'y comporter avec plus de justesse. Le *jun zi* ne constitue pas un modèle par ses qualités innées, mais parce qu'il est devenu ce qu'il est, parce qu'il s'est accompli par lui-même. De là est venu le nom que j'ai choisi de lui donner dans ma traduction du *Yi Jing* : l'Être Accompli. « Être » et non pas « homme » car chaque être humain est concerné par cette tension vers l'amélioration ; « Accompli » pour rappeler que c'est par le travail sur soi que l'on peut s'accomplir personnellement. Confucius le disait bien : « C'est l'être humain qui peut agrandir le *dao*, ce n'est pas le *dao* qui peut agrandir l'être humain[28]. »

Les silences de Confucius

Confucius se méfie de l'éloquence et des beaux parleurs, et il n'aime pas les sophistes. Comme Laozi, il pense que « la parole authentique n'est pas séduisante[29] ». Comme beaucoup de Chinois, il estime aussi que, dans un message, ce qui n'est pas dit est au moins aussi important que ce qui est énoncé. Aussi y a-t-il des sujets qu'il n'aborde pas et d'autres dont il refuse de parler. Les *Entretiens* les rapportent fidèlement, parfois sous la forme d'un constat désappointé d'un disciple : « Nous pouvons écouter et recueillir l'enseignement du Maître sur tout ce qui relève du savoir et de la culture, mais il n'y a pas moyen de le faire parler de la nature des choses, ni du *dao* céleste[30] » ; parfois c'est une simple déclinaison : « Le Maître ne traitait ni des prodiges, ni de la violence, ni du désordre, ni des esprits[31]. » Le nombre de sujets énumérés est en lui-même signifiant : quatre est le nombre emblème de la terre, du réel, du terre à terre. C'est pour cette raison qu'en 1978 Deng Xiaoping a placé sous son égide les « modernisations » de sa politique de réforme et d'ouverture : il signifiait ainsi à tous les Chinois que c'en était fini de placer l'idéologie au poste de commande. De la même manière, par ce choix de quatre domaines, Confucius montre déjà son refus des envolées lyriques et des discours déconnectés de la réalité.

Cela étant posé, les sujets qu'il refuse s'éclairent d'eux-mêmes. Les « prodiges », le paranormal, le merveilleux, il les laisse aux crédules et à ceux qui les exploitent. La « violence », d'où qu'elle vienne, et surtout quand elle provient du pouvoir, l'a toujours révulsé ; des lettrés qui cachaient les ouvrages confucéens dans les murs de leurs maisons à ce Pékinois anonyme arrêtant une colonne de chars avenue Chang'An en juin 1989, il s'est toujours trouvé, à toutes les époques, des confucéens qui se sont dressés devant la brutalité politique. Le « désordre », dont il refuse de parler, est fondamentalement le désordre politique, ce contre quoi il s'est toujours battu. Quant aux esprits, son attitude est plus nuancée, nous le verrons plus loin.

Dans les *Entretiens*, toujours sous l'égide du quatre, est citée une autre déclinaison. À la différence de la première, celle-ci est beaucoup plus catégorique dans sa forme. « Le Maître rejetait absolument quatre choses : les idées en l'air, les dogmes, l'obstination, le moi[32]. » « Rejetait absolument » rend bien le caractère employé (絕 S 绝 jué), qui est un verbe fort, évoquant une séparation totale et sans compromission d'avec ce dont il est question. C'est ce mot que les étudiants rassemblés place Tiananmen au printemps 1989 avaient écrit sur le bandeau blanc (couleur du deuil pour signifier qu'ils étaient prêts à sacrifier leur vie pour leur cause) dont ils se ceignaient le front, suivi du caractère 食 shí, « manger », afin que tous sachent qu'ils étaient en grève de la faim. Cette forme de revendication inédite en Chine, où la nourriture est considérée depuis toujours avec grand sérieux, coïncidait parfaitement avec leurs revendications totalement confucéennes. Ils ne voulaient pas, comme on l'a cru alors en Occident, abattre le régime communiste ; ils étaient révoltés par la corruption ambiante et exigeaient de leurs dirigeants qu'ils se montrent dignes du poste qu'ils occupaient.

Confucius refuse de discourir des « idées en l'air* », parce

* C. Le Blanc et R. Mathieu traduisent : « idées préconçues » (*Philosophes confucianistes*), A. Cheng : « idées sans fondement » (*Entretiens de Confucius*, Le Seuil, 1981) ; le caractère employé (意 yì) a aujourd'hui le sens d'« intention, opinion, estimation, souhait », etc.

que seul compte pour lui ce qui est validé par la pratique, par les actes; des «dogmes*», parce qu'il rejette tout ce qui ne tient pas compte de la particularité des circonstances, de l'ensemble de la situation et des personnes qui y sont impliquées. On en trouve un exemple direct dans un paragraphe des *Entretiens* où Confucius débat avec le gouverneur de She. Celui-ci lui dit : «Chez nous, il y a un homme d'une droiture inflexible; son père avait volé un mouton, et il le dénonça.» Confucius lui répond : «Chez nous, on a une autre conception de la droiture : le père protège son fils, le fils protège son père. Voilà notre façon d'être droits[33].» On voit bien que, pour le Maître, les exigences de la piété filiale l'emportent sans hésitation sur un principe général, contradiction dont Henri Michaux a bien vu l'agencement : «Le Chinois n'insiste pas sur les devoirs envers l'humanité en général, mais envers *son* père et *sa* mère; c'est là où l'on vit qu'il faut que les choses aillent bien, ce qui demande, en effet, un doigté et une vertu dont des saints européens sont à peine capables[34].»

Pour le même genre de raison, Confucius rejette l'«obstination**», car savoir changer en fonction des circonstances est marque de justesse dans un monde où le changement est la norme. Il fait d'ailleurs remarquer avec humour que «seuls les gens suprêmement intelligents et

* C. Le Blanc et R. Mathieu : «position inflexible» (*Philosophes confucianistes*), A. Cheng : «affirmations catégoriques» (*Entretiens de Confucius*); le caractère employé (必 bì) veut dire «devoir, il faut nécessairement», etc.

** C. Le Blanc et R. Mathieu : «certitude dogmatique» (*Philosophes confucianistes*), A. Cheng : «entêtement» (*Entretiens de Confucius*); le caractère employé (個S个gè) signifie «un, un seul, unique», mais il est écrit à partir du signe 固 gù qui signifie quant à lui «ferme, solide, opiniâtre, vraiment, rude», etc.

les gens suprêmement bêtes ne changent pas[35] ». Quant au « moi », il y a toute chance pour qu'il s'agisse de l'égocentrisme, une manière d'être en complète opposition avec la tension vers autrui qui anime tellement Confucius.

Confucius et les esprits

Il y a d'autres domaines à propos desquels Confucius se montre assez réservé, en particulier tout ce qui concerne ce que nous appellerions aujourd'hui la métaphysique. Parce que les situations « religieuses » mettent aussi en jeu des valeurs humaines qui lui importent, sa position est tout aussi claire, mais moins tranchée. Bien qu'il se refuse à parler de la *nature* des esprits, les *Entretiens* nous rapportent ce qu'il dit des cérémonies où ils étaient invoqués. Un jour, alors qu'il assiste à une assemblée rituelle en l'honneur des défunts fondateurs du royaume, un de ses disciples se penche vers lui et lui demande à voix basse : « Est-ce que les défunts à qui nous offrons tous ces plats en offrande sentent l'odeur des mets que nous avons confectionnés pour eux ? » Autrement dit : est-ce que les fantômes existent ? Est-ce que les morts ont une existence réelle ? Confucius, après avoir hésité un moment – car on ne bavarde pas durant une cérémonie rituelle –, jugeant sans doute la question suffisamment importante pour mériter réponse, lui chuchote : « Ne suffit-il pas que nous soyons réunis en leur nom[36] ? » Sa réponse élude ce qui, de la question du disciple, relève de la croyance pour s'en tenir au seul niveau intangible, le niveau humain : que les défunts soient vivants ou non est inconnaissable tant que nous sommes vivants ; en revanche, ce qui est irréfutable, c'est le bénéfice que les vivants retirent lorsqu'ils se rassemblent en leur nom. « Quand les morts sont honorés et que la mémoire des plus anciens ancêtres reste vivante, la force d'un peuple atteint sa plénitude. » C'est à cette aune-là qu'il faut lire les innombrables et grandioses cérémonies commémoratives (ouverture des Jeux olympiques comprise) qui ont lieu partout en Chine depuis une dizaine d'années.

Ailleurs, il précise sa position vis-à-vis des pratiques religieuses d'une manière à la fois très simple et très humaine, qui pourrait constituer la maxime maître de tous ceux qui se sentent l'âme laïque : « Respecter les mânes et les esprits*, tout en les tenant à distance[37]. » Les mânes et les esprits doivent être respectés non en vertu d'un quelconque pouvoir qu'ils détiendraient, mais parce que beaucoup de gens y croient. Comme pour les fantômes, la réponse de Confucius s'en tient au seul niveau humain. Quelle que soit l'opinion personnelle que l'on puisse avoir sur cette question, il n'est pas juste de manquer de respect envers ce que des gens respectent avec sincérité. Mais il n'est pas bon non plus d'en être prisonnier : la fin de cette phrase pouvant tout aussi bien signifier « tout en s'en tenant à distance ». « Confucius tient à distance les démons et les esprits pour mieux parler aux humains car ils sont à la fois seule cause et seul remède à leurs malheurs[38]. »

Il n'est pas question non plus de feindre une croyance à laquelle on n'adhérerait pas ; ce serait de l'hypocrisie et, sur ce point, Confucius ne transige pas : « (Qui dit) sacrifice (dit) présence (être là). On doit sacrifier aux esprits comme si les esprits étaient là. Le maître dit : “Si je ne suis pas au sacrifice (avec mon cœur), c'est comme s'il n'y avait pas de

* Dans ce passage, « esprits » et « mânes » sont les caractères 鬼神 guǐ shén.

sacrifice"[39]. » Le sacrifice n'a de valeur que parce qu'il est effectué dans un cadre social, peu importe à Confucius les entités auxquelles il est adressé et il raille ceux qui s'interrogent sur la manière dont il faudrait se comporter vis-à-vis d'elles. À Zilu qui lui demande : « Comment servir les mânes et les esprits ? », Confucius répond vertement : « Tu ne sais pas encore servir les humains, comment voudrais-tu servir les mânes ? » Mais Zilu, têtu, reprend : « Oserais-je vous interroger sur la mort ? » et il se fait vertement rabrouer : « Tu ne sais encore rien de la vie, comment voudrais-tu comprendre quelque chose à la mort[40] ? »

La mort, le seul mystère qui soit partagé par tous les humains, Confucius en a souffert, lui qui la même année perdit son fils et surtout son disciple bien-aimé, celui sur qui il espérait fonder sa postérité intellectuelle. Mais il sait nous indiquer ce sur quoi il faut alors s'appuyer. Il le dit dans une phrase magnifique qui, deux mille cinq cents ans plus tard, peut toujours nous aider : « Les rites de deuil sont là pour fatiguer la douleur et après arrêter[41] », c'est-à-dire ne pas dépasser ce double but : accompagner ceux qui partent vers là où ils vont et aider ceux qui vivent à repartir dans le mouvement de la vie. La question qui taraudait Zilu trouve là sa plus belle réponse.

Le rite

Le rite est sans doute le seul élément commun à toutes les sociétés agraires de l'Antiquité, du fait de sa fonction sociale : relier, former un esprit de corps, forger une sensation communautaire. Dans les sociétés urbaines modernes et individualistes, en revanche, le rite a mauvaise presse ; il passe pour une attitude hypocrite, une simagrée qui bride l'expression de la personnalité. À cela, l'image que l'Occident se fait des rites chinois ajoute une impression d'inutile complexité qui le rend tout à fait ridicule. « Quand vous sortez avec un supérieur, appliquez la règle 72 du manuel ; avec un professeur, la règle 18, pour rentrer chez vous, la règle 44, ensuite appliquez le rite C et, si un mandarin se trouve en visite avec le bonnet B4, saluez-le avec le cérémonial 422, en disant les paroles 4007 », raillait Henri Michaux[42]. Pourtant, l'importance des rites dans leur culture compte parmi les motifs de fierté des Chinois. Pour comprendre cette dissonance, il est nécessaire d'examiner l'idéogramme qui le dit.

Le caractère « rite », 禮 S礼 lǐ, est formé de deux parties. À droite, un groupe complexe, 豊 lǐ, qui n'a pas d'usage autonome et est lui-même composé de deux éléments : en bas, 豆, un vase à libations, en haut, 曲, un signe qui à l'origine représentait des rameaux plantés dans une coupe à compartiments. L'association de ces deux signes évoque les cérémonies (vase rituel) d'un culte agraire (rameaux), la célébration du rythme agricole, celui par lequel se manifeste l'influx vital. Or il se trouve que ce même groupe 豊 lǐ est aussi présent dans le caractère désignant le corps humain ; 體S体 tǐ. Là, le groupe 豊 lǐ est combiné avec le signe général de la chair et des os (骨) ; dans celui des rites, il l'est avec le signe général des affaires religieuses (礻, contraction graphique de 示 shì). L'idéographie affirme donc que ce rythme vital connaît deux sortes d'in carnation : l'une individuelle – le corps humain –, l'autre collective – les rites sociaux. Loin d'être ce qui réduit à néant la spontanéité individuelle, le rite est au contraire ce qui permet à chacun d'être totalement soi-même en *faisant corps* avec la situation.

Le conformisme ritualiste que raille Michaux aurait tout autant déplu à Confucius, car il ne s'agit plus de rite, mais de ritualisme, une forme vide qui a perdu sa signification. À un interlocuteur qui lui demande quel est le fondement du rite, Confucius répond : « Dans toute cérémonie, mieux vaut l'austérité que l'apparat. Dans celles de deuil, mieux vaut la sincérité dans la douleur que le scrupule dans l'étiquette[43]. » Dans cet esprit, le rite n'est pas une prescription, mais une indication, un peu comme celles qui se trouvent au début des partitions musicales.

Prenons un exemple à la source, c'est-à-dire dans le *Livre des rites*, un des quatre Grands Classiques dont la tradition attribue la compilation et la vérification à Confucius lui-même. On y lit au chapitre qui traite des offrandes à faire aux esprits des défunts que celles-ci ne doivent pas être « trop fréquentes, car cela les rendrait inopportunes, donc irrespectueuses » ; elles ne doivent pas non plus être « trop rares car cette rareté serait une marque d'indifférence et par conséquent d'oubli ». Entre ces deux extrêmes, c'est à chacun qu'il revient d'inventer la manière de s'accorder personnellement avec la situation.

Dans cette perspective, on comprend mieux pourquoi l'esprit chinois voit et vit le rite comme un véritable raffinement de la vie en société. À la différence d'une loi ou d'une prescription religieuse, l'éventail des possibilités qu'il offre est si large qu'il permet à chacun de s'exprimer avec une finesse parfois incisive mais jamais incivile. Prenons un exemple d'usage tout à fait courant dans la vie actuelle. Une des règles basiques de politesse, lors d'un banquet, veut que le maître de maison invite à tour de rôle chacun de ses convives à trinquer avec lui. Mais il peut, au cours de cet exercice, « oublier » d'inviter un des convives ou bien inviter une seconde fois un autre ;

sans que rien ne soit dit, chacun comprend alors qui est honoré et qui est écarté. Comme le dit bien Jean Lévi, la gestion à la chinoise du rite « demande un sens certain de l'improvisation, il requiert l'intelligence du geste et de la situation. En cela, il pourrait être rapproché du "tact logique" dont parle Kant[44] ». Le rituel est ce qui apporte de la souplesse aux comportements sociaux : « Sans le rituel la courtoisie devient assommante, la prudence devient timidité, l'audace devient dangereuse, l'inflexibilité devient dureté », écrit Gore Vidal[45]. Le rite permet à chacun de trouver sa place, ou plus exactement de *tenir* sa place, c'est-à-dire de se comporter en fonction de la situation dans laquelle il se trouve. Les Chinois « n'ont pas eu des systèmes transcendantaux ou des éclairs de génie, mais des trouvailles d'une valeur pratique incalculable. Confucius : l'Edison de la morale. La gentillesse, le calme (ne vous mêlez pas de ce qui ne vous regarde pas)... Conduisez-vous selon votre état, si vous êtres puissant comme un puissant, si vous êtes criblé de dettes comme un homme criblé de dettes, etc.[46] ».

On reproche également souvent à l'enseignement de Confucius son conformisme. Là encore, c'est bien ce qui peut être reproché avec justesse au confucianisme, mais certainement pas à Confucius. Les *Entretiens* fourmillent de prises de position très claires à ce sujet. Par exemple : « Je n'ai pas d'idées préconçues sur ce qu'il est possible ou impossible de faire[47] » ou bien encore : « Dans les affaires du monde, l'être accompli n'a pas une attitude rigide de refus ou d'acceptation, le juste est sa seule règle[48]. »

Confucius ne se soucie guère des « modes » ; il se veut intransigeant sur ce qui est constitutif de la structure même de l'ordre sociopolitique, par exemple dans les manifestations de respect dues non au souverain, mais à la fonction qu'il occupe : « Selon la tradition, la coiffe liturgique doit être tissée en chanvre, mais de nos jours, pour la commodité, on adopte la soie. Bon, là-dessus je me range à l'usage général. Selon la tradition, à l'audience royale, on devait saluer une première fois au pied des degrés, mais de nos jours on ne salue plus qu'en haut des degrés, c'est de l'impudence. Quitte à déroger à l'usage général, je continue à saluer au pied des degrés[49]. » Que voulez-vous, « les grands principes ne souffrent pas de transgression, les petits principes tolèrent des accommodements[50] ». Et puis, « quant aux détails de la liturgie et des vases rituels, il y a des sacristains pour cela[51] ». L'attitude moralement juste ne peut pas être définie en tant que telle, mais seulement en fonction du contexte : « Le royaume a-t-il des principes (littéralement : un *dao*) : parlez droit et agissez droit. Le royaume n'a-t-il pas de principes (littéralement : pas de *dao*) : agissez droit, mais parlez prudemment[52]. »

Rite et rythme

« Les rites sont dans le temps ce que la demeure est dans l'espace. Car il est bon que le temps qui s'écoule ne nous paraisse point nous user et nous perdre comme la poignée de sable, mais nous accomplir. Il est bon que le temps soit une construction. Ainsi je marche de fêtes en fêtes et d'anniversaires en anniversaires et de vendanges en vendanges[53]. » Confucius aurait apprécié cette phrase de Saint-Exupéry dans la mesure où elle explique une conception du rite qui nous paraît généralement étrange : le rite, simplement par sa répétition, produit un effet d'entraînement moral.

On comprend mieux cela en le regardant au travers du mode chinois d'apprentissage, l'intégration par répétition. Dans des domaines aussi différents que la calligraphie ou les arts martiaux, l'apprentissage vise un même but : parvenir, par une répétition prolongée, à un geste parfaitement *naturel*. Le naturel dont il s'agit ici n'est pas l'état de nature, mais celui dont parle Laozi au chapitre 25 du *Dao De Jing*, celui sur lequel le *dao* lui-même prend modèle. Dans cette perspective, il paraît moins incongru que la pratique de la répétition, certifiée par une tradition, puisse parvenir à créer de la moralité dans la société de la même manière qu'elle parvient à créer de l'efficacité (dans le combat) ou de la beauté (dans l'écriture). Si, grâce à l'intériorisation des rites, l'honnêteté est devenue une seconde nature, même sans les lois, elle incitera à agir comme il faut.

À la différence de Hobbes qui pense que l'homme est un loup pour l'homme et que sa violence doit donc être contenue par la loi, Confucius pense que l'humain est un être naturellement social car il naît dans un groupe familial et grandit dans l'attachement spontané entre parents et enfants. Le rite n'est donc là que pour renforcer et réguler cet élan affectif vers autrui. D'ailleurs, comme l'explique Simon Leys, « l'impression que nous avons de l'exagération de l'importance que les Chinois semblent accorder au rite n'est finalement qu'une simple question de langage. Il suffit dans un texte chinois de remplacer "rites" par "convenances morales (*common decency*)" ou "mœurs civilisées" pour que l'on saisisse aussitôt à quel point les valeurs confucéennes sont remarquablement proches de certains principes de philosophie politique inventés par le siècle des Lumières. Montesquieu, en particulier, a développé des notions qui rejoignent sans le vouloir l'idée confucéenne selon laquelle le gouvernement des rites est préférable au gouvernement des lois[54] ».

Bien qu'ils en tirent des conséquences différentes, Confucius et Laozi partagent une méfiance certaine à l'égard des lois. Pour Confucius, la cohésion harmonieuse d'une société ne peut pas être assurée simplement par des dispositions légales, elle se fonde sur un commun respect des rites : « Gouvernez (道 *dao*) à force de lois (*zheng*), maintenez l'ordre à coups de châtiments, le peuple se contentera d'obtempérer, sans éprouver la moindre honte. Gouvernez (*dao*) par la Vertu (*de*), harmonisez par les rites, le peuple non seulement connaîtra la honte, mais de lui-même tendra vers le bien[55]. » Confucius pense que les lois ne sont pas forcément le meilleur moyen pour faire régner l'harmonie dans un État parce qu'il a une confiance étendue en la moralité humaine, ou plutôt en son amélioration quand elle est bien guidée. Ce point sera le grand sujet d'opposition entre les lettrés confucéens et les tenants de l'école légiste, fondée pendant la période des Royaumes combattants (475-221 avant notre ère), pour qui le souverain doit utiliser la loi afin de contraindre le peuple à lui obéir. Aussi, lorsque les légistes triompheront avec l'implacable politique menée par Qin Shi Huangdi, les confucéens seront persécutés. Ce n'est que quelques décennies plus tard, lorsque la dynastie des Han recueillera les fruits de la brutale politique d'unification du premier empereur, que tous, souverains et lettrés, conviendront que le légisme est invivable et surtout inapte à générer de la prospérité dans un grand État comme celui qu'était devenue la Chine impériale.

Le devoir d'humanité

« Dans l'idéal confucéen, le perfectionnement de soi est à la fois un but et une méthode. Ce but consiste à accéder à la meilleure part de sa nature propre pour être capable d'agir en vue du bien d'autrui autant que du sien[56]. » C'est ainsi que Rémi Mathieu résume cette valeur essentielle qui tient dans la pensée de Confucius une place aussi centrale que celle du *dao* chez Laozi : le devoir d'humanité. Pour Confucius, ce qui fonde la valeur essentielle de ce qu'il appelle le *ren*, c'est le fait qu'il s'enracine dans le premier principe de la spiritualité chinoise, la piété filiale. On pourrait presque dire que pour Confucius, le sentiment de *ren* est une extension au genre humain tout entier de la piété filiale.

On trouve dans les *Entretiens* un passage assez curieux dans lequel trois disciples différents posent la même question : « Qu'est-ce que le *ren* ? », et Confucius y donne trois réponses différentes. On retrouve là une manière de faire qui lui est très chère : préférer une réponse adaptée à chacun plutôt qu'une définition valable pour tous. Le premier à poser la question est Yan Hui ; Confucius lui répond : « Se dominer et en revenir aux rites, c'est ça, pratiquer le *ren*[57]. » Le deuxième est Ran Yong à qui Confucius réplique : « En public, se comporter comme face à un visiteur important. Diriger le peuple comme si on célébrait une grande cérémonie. Ne pas imposer aux autres ce qu'on ne voudrait pas pour soi-même[58]. » Au troisième, Sima Niu, la réponse est plus mystérieuse : « Le *ren* consiste à n'en parler qu'avec retenue. (…) La pratique en est difficile, comment pourrait-on en parler sans retenue[59] ? »

Ces réponses différentes, chacune adaptée à l'interlocuteur, reposent sur le même fond commun : la retenue rituelle, cette manière de savoir « se tenir ». Il est surprenant que ces trois réponses aient été volontairement placées côte à côte car elles ne sont pas les seules que Confucius donne à propos du devoir d'humanité, ce pilier principal de son enseignement. Fan Chi, par exemple, un disciple tardif, a droit à trois réponses différentes pour lui seul : « Celui qui pratique le *ren* commence par le plus ardu et ne récolte qu'en dernier lieu[60] » ; « Aimer les gens[61] » ; « Être digne dans la vie privée ; diligent dans la vie publique ; loyal dans les relations humaines. Ne jamais se départir de cette attitude, même parmi les barbares[62] ». Zigong, lui, reçoit ce conseil : « Où que vous résidiez, mettez-vous au service des officiers les plus sages et liez-vous d'amitié avec les gentilshommes qui pratiquent le *ren*[63]. » Et Zizhang se voit gratifié de ce développement : « Qui saurait faire régner ces cinq choses : déférence, tolérance, bonne foi, diligence et générosité dans le monde entier réaliserait le *ren*. La déférence garantit des insultes ; la tolérance se concilie tous les cœurs ; la bonne foi suscite la confiance des gens ; la diligence assure le succès ; la générosité permet de commander aux autres[64]. »

L'idéogramme qui écrit cette importante notion est aussi simple à lire que difficile à traduire. Il est formé par l'association du signe général des affaires humaines (亻, contraction graphique usuelle de 人) avec le chiffre deux (二). De là, on peut déjà remarquer qu'il ne décrit pas un sentiment – le caractère 仁 rén ne comporte pas le signe du cœur ; ce n'est pas un rite – il ne comporte pas le signe des affaires religieuses –, ni un idéal inaccessible – il comporte le signe des affaires humaines. Comme le *dao*, c'est à la fois un chemin et un cheminement.

Que signifie donc l'assemblage « humain-deux » ? Comme

le souligne Jean-François Billeter, « la réalité humaine première n'est pas la personne, mais l'association hiérarchisée de deux personnes : souverain/ministre (ou souverain/sujet) ; père/fils ; frère aîné/frère cadet ; mari/femme[65] ». Il fait allusion à une phrase des *Entretiens* qui subit un curieux traitement lorsqu'elle fut traduite par les missionnaires chrétiens : « Sur terre, tous les hommes sont frères[66]. » Les missionnaires cherchaient à montrer aux Chinois que leurs grands sages avaient eu l'intuition de la révélation chrétienne et qu'il leur avait simplement manqué la bonne parole, celle qu'ils leur apportaient. Mais il est impossible que Confucius ait dit cela, car le mot « frère » n'existe pas en chinois !

Il existe en revanche les mots « frère aîné » et « frère cadet », et ce sont justement ceux-là qu'emploie Confucius dans cette phrase. Sa signification prend alors une autre tournure, tout à fait opposée : « Dans le monde humain, toutes les relations sont du type frère aîné/frère cadet », c'est-à-dire hiérarchisées. Où que nous nous situions sur l'échelle des pouvoirs, il y a toujours quelqu'un en dessous de nous, qui nous obéit, et quelqu'un au-dessus de nous, à qui nous devons obéissance, ne serait-ce que dans les rapports avec nos parents et avec nos enfants. La plus belle application de ce principe est qu'en Chine il s'applique à tous, même à celui qui est sur l'échelon le plus élevé de la hiérarchie impériale, l'empereur lui-même dont le titre le plus officiel, « Fils du Ciel », est bien un titre de sujétion… Cette hiérarchisation absolue n'est pourtant pas tyrannique car elle n'est pas enchaînée à une caste ou à une classe : on a vu des fils de paysan parvenir au poste de premier ministre et, plus récemment, des vendeurs à la sauvette devenir directeurs d'entreprises multinationales.

Si Confucius donne tant d'importance à ce devoir d'humanité, c'est parce qu'il pense qu'il contient toutes les autres attitudes et pensées à cultiver envers les autres : l'amour d'autrui, le respect, la piété filiale, la sincérité, l'observance des rites, etc. Cette idée est reprise par Mengzi, son grand continuateur : « Le devoir d'humanité, c'est être humain (仁者人也 rén zhě rén yě) », que l'on pourrait rendre en disant : « Agir de façon humaine, voilà ce qui nous humanise. » Le devoir d'humanité n'est pas une vertu ou une qualité mais « une propension envers les humains qui inclut dans sa pratique la bienveillance, la tolérance, qui vont de pair avec la modestie, une attitude volontaire de mise en retrait de soi, dans le but d'une diminution des conflits potentiels avec autrui[67] ». Pour qui veut savoir si ce qu'il fait est compatible avec ce devoir d'humanité, la réponse n'est jamais à chercher dans des dogmes ou des catéchismes, mais toujours au fond de soi-même. Confucius, avec vingt-trois siècles d'avance, avait déjà formulé l'impératif catégorique proposé par Kant : « Mansuétude, n'est-ce pas le maître mot ? Ce que tu ne voudrais pas que l'on te fasse, ne l'inflige pas aux autres[68]. »

Si l'humanité est le diapason ultime de Confucius, il ne faut pourtant pas y voir une sorte d'amour universel qui serait applicable à tous sans distinction, simplement en raison de son appartenance à la race humaine : « Seul celui qui pratique le devoir d'humanité est capable d'aimer les humains (qui le méritent) et capable de haïr les humains (qui le méritent[69]). »

La responsabilité personnelle

Confucius n'aime pas le système légiste parce qu'à son avis il néglige la part qui revient à la personne. Il se peut, pense-t-il, que la loi punisse quelqu'un pour une infraction sans que cette personne ait conscience qu'elle a mal agi. Lors, cette punition, socialement justifiable, devient individuellement contre-productive puisqu'elle n'offre à celui qui a mal agi aucune possibilité d'amélioration. Se comporter de manière harmonieuse ou gouverner harmonieusement, voilà qui ne fait guère de différence pour Confucius pour qui la politique est une extension de l'éthique. Il assoit cette identité sur l'homophonie parfaite entre les mots « droit, correct » (正 zhèng) et « gouverner » (政 zhèng). C'est ainsi qu'un jour, au seigneur Ji Kang (une sorte de « maire du palais » qui détenait un pouvoir réel dans le pays de Confucius) qui l'interroge sur l'art de gouverner, il répond sans ambages : « Gouverner est droiture. Si vous menez droit, qui osera ne pas marcher droit[70] ? »

L'antonyme de la droiture dans le texte des *Entretiens*, c'est la « faute », la faute de conduite. L'idéogramme qui l'écrit, 過S 过 guò, est un caractère aussi vieux que les anciennes pratiques oraculaires sur carapaces de tortue auxquelles sa graphie se réfère directement*. Le dépassement qu'il évoque peut être de l'ordre de la vétille ou de la faute d'envergure mais, dans l'esprit de Confucius, elle n'est jamais de l'ordre du péché. Pour lui, fauter est normal, cela arrive à tout le monde (même à lui) ; ce qui est grave, c'est de ne pas savoir profiter de cette

* Le mot 過 guò est en effet composé d'un groupe obsolète (咼) qui représentait à l'origine les cupules creusées dans les carapaces divinatoires et du signe général du mouvement (辶). L'ensemble signale une « faute » dans le processus divinatoire, parce qu'un mouvement intempestif a rendu la fissure illisible. Voir à ce sujet Cyrille Javary, *Le Discours de la tortue*, *op. cit.*

erreur pour s'améliorer : « Commettre une faute et ne pas s'en corriger, c'est ça que j'appelle une faute[71]. » Confucius se garde bien de juger ce qui a été commis, qualifiant de fautif uniquement le fait de ne pas s'en apercevoir (c'est à cela que sert l'étude) et surtout de ne pas faire le nécessaire pour ne plus commettre la même erreur. La seule faute qui compte aux yeux de Confucius, c'est de ne pas s'améliorer et, pour lui, toute rencontre en est une bonne occasion. C'est ainsi que celui qui sera considéré comme le premier de tous les professeurs (en rang comme en qualité) n'hésite pas à dire : « Prenez trois personnes au hasard des rues, ils auront nécessairement quelque chose à m'enseigner. Les qualités de l'un me serviront de modèle, les défauts de l'autre d'avertissement[72]. » Aucun jugement n'est porté à l'encontre des « défauts » de l'interlocuteur ni, a fortiori, de commentaires lui enjoignant de changer. La responsabilité morale, telle que l'entend Confucius, est toujours dirigée vers soi-même, jamais elle ne s'érige en contrainte à imposer aux autres. Cela est dit, ailleurs, d'une manière parfaitement claire : « Si tu vois quelqu'un qui se conduit bien, imite-le; si tu vois quelqu'un qui ne se conduit pas bien, cherche en toi (en quoi tu lui ressembles)[73]. »

C'est en raison de l'importance qu'il accorde à la responsabilité individuelle que Confucius revient très souvent sur cette notion de faute. Le mot apparaît vingt-cinq fois dans le texte des *Entretiens*, soit, en moyenne, plus d'une fois par chapitre. Par comparaison, on remarque que cette question de la responsabilité individuelle sur le plan social ne fait guère partie des questions abordées par Laozi : dans le texte du *Dao De Jing*, le mot est quasiment absent.

Confucius et les femmes

S'il y a une chose dont Confucius n'est pas dupe, c'est bien la nature humaine et ce qui motive les gens. Il le dit à deux reprises dans les *Entretiens* : « Je n'ai jamais rencontré quelqu'un qui aimât la vertu autant que le sexe[74]. »

On reproche pourtant souvent à Confucius une misogynie à toute épreuve. Anecdotes, historiettes, citations, les exemples abondent, et pourtant, quand on y regarde bien, aucun ne se trouve dans le texte des *Entretiens* – sauf peut-être un seul, que d'aucuns traduisent ainsi : « La populace et les femmes sont difficiles à éduquer et poussées par de mauvais instincts. » En voici le mot à mot : « Seulement les femmes et les gens de peu sont difficiles à éduquer (养) ; on s'approche d'eux, ils ne vous respectent pas ; on s'éloigne d'eux, ils en ont du ressentiment. »

Comme le fait remarquer Eulalie Steens, le pivot de cette phrase tient à l'idéogramme 养 « qui englobe plusieurs sens : nourrir, élever, enfanter, éduquer, former, cultiver, employer, diriger ». Ajoutant qu'« il y a eu beaucoup de discussions au sujet de cette phrase », elle choisit de le traduire par « éduquer » : « Seuls les femmes et les hommes de peu sont difficiles à éduquer. Tenus trop proches, on ne peut se faire obéir ; trop à distance, ils vous détestent. » Ryckmans choisit « employer » : « Il est particulièrement difficile d'employer des filles et des gens de peu. Traitez-les cordialement et ils deviennent insolents ; tenez-les à distance et ils vous en garderont rancune. » Et il explique en note : « "D'employer des filles et des gens de peu" : ce propos est interprété le plus souvent comme une considération sur la difficulté qu'il y aurait à traiter avec “les femmes et les gens vulgaires” *en général*, mais en fait, l’usage qui est fait ici du verbe 养 donne à penser que l’observation de Confucius vise seulement le problème particulier que posent à un chef de famille les rapports avec le personnel féminin et subalterne de la maisonnée. »

Sous ces désaccords de spécialistes, une unanimité se fait jour : le problème auquel répond Confucius est relationnel et social, il ne concerne pas les relations entre les sexes ni ne comporte une opinion envers les femmes. N’importe quel chef d’entreprise comprend tout de suite de quoi parle Confucius : quand il s’agit de gérer les relations avec des subordonnés, il faut, à chaque occasion, trouver le juste milieu entre humanité et hiérarchie. Un employé vient-il à commettre une faute, il faut être inflexible; un autre vient-il de connaître un décès dans sa famille, il faut être compatissant.

La seule critique raisonnable que l’on puisse faire à Confucius à propos de ce passage est d’avoir mis dans le même sac les femmes et les « être petits ». Peut-on lui en faire grief? Oui et non. Non, parce qu’au Ve siècle avant notre ère, la misogynie chinoise, qui n’avait pas toujours été de mise (ainsi, au XIVe siècle avant notre ère, dame Fu Hao, femme de l’empereur Wu Ding des Shang, commandait à une troupe de vingt-cinq mille guerriers), commençait à considérablement s’amplifier pour culminer au début du IIe millénaire avec la mutilation cruelle des pieds bandés. On peut cependant critiquer Confucius sur un point : n’avoir pas étendu l’audace de son école jusqu’à y accepter les femmes. Mais le pouvait-il? Il formait des commis de l’État : quel prince de son époque aurait voulu avoir des femmes ministres? À la même époque, le Bouddha lui-même n’accepta qu’avec réticence, sur l’insistance de sa tante et de sa sœur, que les femmes puissent avoir part au salut et aient la possibilité de s'organiser en communautés monastiques.

Les grands continuateurs : Mengzi (Mencius)

Mengzi (env. 380-env. 301), premier véritable continuateur de Confucius et jalon important dans la propagation du confucianisme, est un moraliste rigoureux. Parmi les quelques éléments de sa biographie telle que nous la révèle les *Mémoires historiques* de Sima Qian (145-86), le récit de son enfance semble calqué sur celui de Confucius : veuve très jeune, sa mère déménage trois fois de suite afin de trouver un environnement favorable à son fils, s'installant finalement près d'une école. Mais cela ne suffit pas ; se désolant de voir son fils toujours aussi nonchalant, elle brise son métier à tisser grâce auquel elle assure leurs maigres revenus. Détruire son outil de travail revêt autant d'importance que gâcher le précieux temps dévolu aux études : le jeune garçon comprend alors le geste courageux de sa mère et devient studieux et appliqué.

On pense que c'est auprès du petit-fils de Confucius qu'il découvre la pensée de celui-ci. Il voyage beaucoup, cherchant comme son maître un prince lui permettant de mettre en pratique les principes qu'il défend. Mais il n'a pas plus de succès que son illustre prédécesseur. Il faut dire que la situation en Chine s'est encore aggravée en cette époque des Royaumes combattants et que les princes sont plus attirés par les principes de Machiavel que par ceux de Confucius. Moraliste rigoureux, Mengzi bataille avec hauteur contre toutes les dérives de son époque : contre les légistes et leur pragmatisme amoral fait de récompenses et de châtiments mécaniquement administrés à une population décervelée; contre les théoriciens de la guerre et leurs développements stratégiques qui font peu de cas des centaines de vies humaines fauchées sur les champs de bataille; contre les économistes agrariens pour qui les valeurs non marchandes sont inexistantes; contre les utopistes proto-taoïstes qui ne songent qu'à leur propre conservation corporelle; et même contre certains confucéens qui sont déjà devenus des automates du rituel. Contre tous ceux-là, Mengzi n'a pas trop de toutes ses qualités littéraires et polémistes – qui, tous le disent, sont de premier ordre – pour faire valoir ses idées.

Sa position majeure est arc-boutée sur la puissance de la vertu qu'il enracine dans le présupposé de la bonté naturelle de l'être humain. Il est le premier à radicaliser la position de Confucius sur l'impératif d'un gouvernement vertueux. Pour lui, la vertu est la seule source de la légitimité politique du souverain : celui-ci ne règne qu'en vertu du « mandat du ciel ». Ce mandat, le souverain le tire non de la force de ses armes ou d'une quelconque instance religieuse ou surnaturelle, mais du ciel lui-même, c'est-à-dire – et la phrase est d'une extrême signification – « des yeux et des oreilles du peuple » qui, par assentiment, lui remet la puissance. C'est le peuple qui décide; si le mode de consultation est un peu différent de nos démocraties actuelles, il n'a guère changé depuis. L'assertion de Mengzi selon laquelle le souverain ne règne que par « mandat du ciel » et que donc le peuple a le droit de le renverser a fait que l'on s'est mis à interpréter la chute des dynasties d'un point de vue moral; aujourd'hui encore, le groupe qui gouverne la

Chine est extrêmement attentif à ce que le peuple pense de lui et de son action. Pour Mengzi, il n'y a pas de souverain de droit divin et le régicide n'est déterminé que par la qualité du souverain. À propos de l'assassinat par des vassaux révoltés du dernier souverain de la dynastie des Shang (1046 avant notre ère), il dit : « Je n'ai pas entendu parler d'un régicide mais qu'on avait exécuté un brigand qui opprimait son peuple. »

Xunzi

Second grand continuateur de Confucius, Xunzi (env. 300-env. 215) a toujours été beaucoup moins populaire – sans doute parce qu'il est beaucoup plus pessimiste. Tout en se réclamant de la pensée de Confucius, Xunzi s'oppose à Mengzi en partant du principe que la nature humaine est foncièrement mauvaise. Mais comme chacun est libre de son destin, rien n'est perdu d'avance : chacun peut et doit étudier de manière à tendre vers le bien. Afin d'éclairer l'esprit, Xunzi recommande cependant la méditation qui débarrasse des subjectivités néfastes et qui amène à une « grande clarté pure » qui, par certains côtés, ressemble au contact direct avec le *dao* prôné par les taoïstes. Socialement, la méchanceté foncière de l'être humain doit être contenue non seulement par des règles et des rites, mais aussi par des lois et des peines clairement définies afin que chacun puisse y trouver des repères et des encouragements dans la recherche du bon comportement. Ce sont ces idées-là qui sont reprises et théorisées d'une manière implacable par les légistes, l'école sur laquelle va s'appuyer Qin Shi Huangdi, le premier empereur.

Le premier empereur de la dynastie des Qin

Dans la région de Xi'An, les distances se comptent autant en kilomètres qu'en millénaires. Là, au confluent de la rivière Wei et du fleuve Jaune, l'histoire chinoise a plusieurs fois recommencé. Il y a deux mille deux cents ans d'abord lorsque, après avoir conquis toute la Chine de son époque, Qin Shi Huangdi y fonda sa capitale et fit construire aux alentours son tombeau gardé par cette formidable armée spectrale de dix mille guerriers en terre cuite. Il y a moins d'un siècle ensuite, lorsqu'un peu au nord, dans les collines jaunes de Yan'An, Mao Zedong y installa à l'issue de la Longue Marche la base à partir de laquelle il allait finalement, à son tour, conquérir la Chine entière et l'unifier sous sa rouge férule.

La rencontre en cette terre jaune de ces deux géants n'apparaît pas comme une coïncidence aux yeux des Chinois ; elle leur semblerait plutôt normale, tant leurs rôles historiques se font écho. L'un et l'autre ont brusqué l'histoire de leur pays et, plus que tout, modifié son écriture. Bousculant quiconque se trouvait sur leur passage, ne faisant que bien peu de cas de la vie humaine, ces deux bâtisseurs d'empire se sont appuyés sur une idéologie autoritaire, justifiant d'avance les massacres commis en son nom, tellement implacable qu'elle fut jetée aux orties dès qu'une nouvelle génération de dirigeants leur succéda.

Pour Qin Shi Huangdi, cette idéologie avait pour nom « légisme », une sorte de légitimation de la terreur bureaucratique et de l'espionnage mutuel, assortie d'un catalogue complet de châtiments cruels et de récompenses simplistes qui, dans l'esprit de ses promoteurs, devait produire la paix sociale par une sorte de réflexe pavlovien. Les confucéens d'alors ne pouvaient que se dresser contre la brutalité de pareil régime. Leur refus de servir, leurs critiques incessantes insupportaient au plus haut point Qin Shi Huangdi, qui les considérait comme des vétilleux liés à la noblesse et à la culture féodale du passé. En fait, il redoutait surtout leur liberté d'expression qui constituait une menace pour son pouvoir autocratique. Vingt et un siècles plus tard, ce sont exactement les mêmes griefs qui seront proférés par les gardes rouges contre les lettrés confucéens lors de la seconde partie de la Révolution culturelle.

« Brûler les livres, enterrer les lettrés »

Pour débarrasser définitivement son maître des écrits confucéens et de ceux qui le promouvaient, Li Si, chancelier de Qin Shi Huangdi, lui suggéra un stratagème perfide. Après avoir unifié le pays, l'« Empereur Premier », comme il se nommait lui-même, avait décidé d'unifier toutes les normes de son empire. Poids, monnaies, écartement des essieux des chars, etc. : tout ce qui était en usage dans chacun des différents États qu'il avait conquis devait être supprimé et remplacé par les normes en usage dans le royaume vainqueur de Qin. À cette mesure technique, fort sage dans son principe, Li Si suggéra d'ajouter un domaine supplémentaire : celui des signes d'écriture.

Ceux-ci, au fil des siècles et au fur et à mesure de l'affaissement de l'autorité centrale, s'étaient en effet différenciés à partir de leur commune racine oraculaire et commençaient à prendre des formes de plus en plus divergentes. Il était donc utile qu'ils soient à nouveau harmonisés et normalisés. Pour cela, il suffisait de décréter une mesure d'une simplicité terriblement efficace : toutes les variantes graphiques régionales seraient abolies, seule la graphie en vigueur dans le royaume de Qin serait désormais autorisée. Mais c'est dans la mise en œuvre de cette décision que le chancelier Li Si allait glisser un détail maléfique. Le moyen le plus radical pour effacer définitivement les différentes manières d'écrire, expliqua-t-il, était de détruire tous les textes écrits avant la date de l'avènement du Premier Empereur ; pour ne pas perdre le trésor technique et littéraire accumulé jusqu'à cette date, les textes écrits dans les graphies désormais proscrites seraient donc recopiés en graphie officielle.

Le piège était parfait car, s'il était clair que *tous* les livres anciens allaient être détruits, il n'était nulle part précisé qu'ils seraient *tous* recopiés. Dans l'esprit de Li Si, seuls ceux qui méritaient l'approbation officielle – les ouvrages techniques traitant d'agriculture, de médecine, d'industrie ou de divination – le seraient. Quant aux autres, particulièrement ceux traitant de sujets sensibles comme la philosophie politique, ne seraient retranscrits que ceux qui seraient jugés idéologiquement conformes. Ainsi, sous couvert d'une mesure effectivement avisée, la standardisation de l'écriture, l'édit impérial visait à l'élimination de tous les ouvrages menaçants pour le nouveau pouvoir, au premier rang desquels se trouvaient les écrits des confucéens. Ordonné en 213 avant notre ère, l'ordre terrible tenait en quatre caractères : 焚書坑儒, « Brûler (焚 fén) les livres (書 S书 shū), enterrer (坑 kēng) les lettrés (儒 rú) ».

Chaque intellectuel devait remettre tous les ouvrages

de sa bibliothèque. Quiconque cachait des volumes pour les soustraire aux perquisitions était condamné séance tenante à être enterré vif à côté des bûchers où brûlaient les exemplaires qu'il avait tenté de dissimuler. Malgré l'effroi de ce supplice, de nombreux lettrés confucéens celèrent, au péril de leur vie, des exemplaires dans les murs de leur maison. Calme héroïsme qui, aidé par la mémoire des plus âgés, permit quelques dizaines d'années plus tard d'effacer les effets de ce crime contre la culture. Malgré de byzantines querelles entre spécialistes, la quasi-totalité des textes confucéens put être reconstituée. Vouloir éradiquer tout ou partie du passé de la Chine est une tâche malaisée; les gardes rouges en firent à leur tour l'expérience.

Le confucianisme de la dynastie des Han

Comme Deng Xiaoping à la suite de Mao, la dynastie des Han (206 avant notre ère-212 après) recueillit l'héritage d'un pays unifié au forceps. Tout en préservant le cadre institutionnel qu'elles avaient créé, les Han abolirent rapidement les mesures tyranniques de Qin Shi Huangdi. Ils ne tardèrent pas à se rendre compte que, pour assurer la stabilité sociale et l'harmonie politique, le confucianisme était bien plus efficace que la sévérité du légisme et l'individualisme du taoïsme. Wudi (141-87), le sixième empereur Han, abolit la censure impériale mais expulsa de sa cour légistes et taoïstes pour ne garder que les seuls confucéens. Ceux-ci, enthousiastes à l'idée de revenir aux fondamentaux de leur culture et de glorifier leur pays enfin réunifié sous une autorité forte et respectée, firent connaître à la Chine une formidable période d'épanouissement qui donna naissance à une floraison de poètes, d'historiens, de philologues et de scientifiques dont les travaux et les découvertes (le papier, la boussole, le sismographe, etc.) assurèrent à la dynastie des Han un prestige tel qu'aujourd'hui encore, *Hanzi*, littéralement « fils des Han », est synonyme de « Chinois ». À cette époque, tous les textes théoriques élaborés durant l'Antiquité furent repris et réorganisés ; c'est alors, par exemple, que les *Commentaires canoniques* du *Yi Jing* furent officiellement attribués à Confucius. C'est sous les Han que furent institués les temples dédiés à Confucius, culte d'État laïque modelé sur le culte ancestral. C'est enfin à cette époque que Dong Zhongshu (179-104) posa que les fonctionnaires seraient choisis en fonction de leur connaissance du corpus confucéen (au premier rang duquel figurait le *Yi Jing*, puisque le maître était crédité de l'ensemble de ses commentaires officiels, ainsi que de la compilation et la réorganisation des autres classiques). Cette mesure donna naissance au système des examens impériaux, systématisé pour quinze siècles à partir des Tang, mais dès l'époque Han, elle gagna les pays avoisinants et se répandit en Corée, au Vietnam et au Japon.

De Confucius au confucianisme

Mais Confucius reconnaîtrait-il comme sien ce qui était alors en train de se constituer ? La réponse, comme toujours en pareil cas, doit être nuancée. Il est sûr que d'un côté, comme le dit directement François Jullien, « ce triomphe l'a condamné[75] » ; bien que ce soit là, ajoute-t-il, le sort « de toute orthodoxie, c'est ici considérablement accru par le fait que l'originalité de l'enseignement de Confucius tenait précisément à ce qu'il était sans doctrine ». Le problème qui se pose est alors de déterminer « à quel prix une sagesse de la régulation personnelle, dont la subtilité vient donc de ce qu'elle n'a pas de position arrêtée, mais ne cesse de s'adapter à l'expérience en cours (...) peut-elle se transformer en idéologie dominante[76] ? ». Il répond que « l'enseignement moral du Sage perd la disponibilité antidogmatique qui était sa principale exigence pour sombrer dans des recommandations formelles[77] », ce qui permit à ses thuriféraires de transformer son discours allusif en « un inventaire béatifiant – et bêtifiant – du moralisme[78] ». Le résultat ne se fit pas attendre : en devenant idéologie dominante, « l'art de se conformer à ce qu'exige la circonstance pour en épouser le cours vire aux veuleries du conformisme[79] ».

Certains sont plus sévères, comme Simon Leys : « Pendant plus de deux mille ans, les empereurs de Chine ont organisé le culte de Confucius en une sorte de religion d'État (...) et la conséquence de ces manipulations idéologiques fera que le nom même de Confucius va finir par devenir, au début du XXe siècle, pour toute l'élite révolutionnaire, synonyme d'obscurantisme et d'oppression. (...) Ce confucianisme au service du prince fait un usage sélectif de tous les préceptes susceptibles de renforcer le respect des autorités, cependant que des notions, non moins essentielles mais potentiellement subversives, sont escamotées – ainsi l'obligation de justice qui doit toujours accompagner l'exercice du pouvoir, et surtout le devoir moral qu'ont les intellectuels de critiquer les erreurs du souverain et de dénoncer ses abus, fût-ce même au prix de leur vie[80]. »

L'effacement du confucianisme d'État

Avec la chute des Han et l'émiettement du pouvoir politique qui s'ensuivit s'ouvrit une période défavorable au confucianisme, qui dut faire face à l'arrivée du bouddhisme et à la montée conjointe du taoïsme religieux et du néo-taoïsme philosophique de l'« école du Mystère ». Dans cette période qui s'étend de 220 à 589, on distingue globalement trois moments : les Trois Royaumes (220-265), interminable guerre civile dont les hauts faits d'armes seront une source d'inspiration inépuisable pour pièces de théâtre, romans et films de cape et d'épée; puis la dynastie Jin au sud (265-420), pendant laquelle (de 304 à 439) se développent au nord les Seize Royaumes, ce qui suggère bien que l'empire est non seulement, sous l'effet des incursions barbares, coupé en deux, mais aussi complètement émietté au nord; enfin, les Neuf Dynasties du Sud et du Nord (420-589), dénomination qui, elle aussi, rend compte de la décrépitude de la situation politique.

À l'issue de ces trois siècles et demi d'éparpillement, le paysage chinois avait complètement changé. Le bouddhisme et le taoïsme religieux y étaient devenus les courants de pensée dominants et le confucianisme d'État n'était plus qu'un souvenir entretenu seulement dans les grandes familles par des précepteurs privés. Alors qu'au nord du pays se constituaient des royaumes barbares, la culture lettrée, suivant le conseil confucéen : « Le royaume a-t-il des principes, servez-le; le royaume est-il en désordre, le servir est une honte[81] », se retira au sein de puissantes familles dont les membres, délaissant le service de l'État, se livraient au développement de tous les arts du pinceau (qui venait tout juste d'être inventé). Au cours de banquets et d'excursions, on pratiquait la conversation élégante (bon mots et allusions servant à cerner le sens des caractères), la poésie lyrique, la calligraphie et la musique de chambre. La *Préface du pavillon des pivoines*, écrit par Wang Xizhi vers 360 et considéré depuis lors comme le chef-d'œuvre absolu de la calligraphie chinoise, en est un des témoignages les plus représentatifs.

Lorsque finalement la dynastie des Sui (581-618) réussit à réunifier la Chine, elle fut bien obligée de reconnaître ce recul du confucianisme d'État qu'elle tenta de masquer en inventant une formule qui fera florès : « Les trois enseignements ne font (maintenant) plus qu'un. » L'objectif de cette formule était de suggérer que, ainsi qu'eux-mêmes avaient réunifié l'empire, les trois enseignements, eux aussi, contribuaient chacun à cette unité retrouvée.

Les trois rieurs du Torrent du Tigre

Bien plus tard, une légende née sous les Song dans la même optique syncrétiste raconte l'histoire suivante. Un moine bouddhiste du nom de Hui Yuan (334-416) s'était installé sur le mont Lu où, en 402, il avait fondé au monastère Donglin un groupe de dévotion à Amitabha considéré comme le berceau du bouddhisme de la Terre Pure. Il vécut trente ans sur le mont Lu, n'en redescendant qu'une seule fois, pour raccompagner deux amis qui étaient venus le voir.

Le premier de ces amis était Lu Xiujing (406-477), maître taoïste considéré comme le patriarche de plusieurs courants : il structure ainsi le mouvement des Maîtres Célestes du Sud et édite les Canons taoïstes *Lingbaojing* (*Canon du Joyau magique*) et *Daozang* (*Trésor du dao*). La version actuelle de ce dernier, basée sur l'édition Ming du XVe siècle, qui comprend plus de cinq mille textes, conserve la structure d'origine en trois parties que lui avait donnée Lu Xiujing.

Le second ami était Tao Hongjing (456-536). Issu d'une famille de lettrés confucéens, il fut nommé à vingt-trois ans répétiteur au service des princes par l'empereur Gaodi, de la dynastie des Qi du Sud (479-502). Très estimé à la cour, il fit partie du conseil impérial et son départ du palais, treize ans plus tard, fut l'occasion d'un banquet d'adieu sans précédent. Il devint alors disciple d'un monastère taoïste de l'école de la Pureté Suprême et, en 492, s'installa sur le mont Maoshan où il construisit l'ermitage Huayang avant d'y mourir, à l'âge de quatre-vingts ans. Dans ses nombreux écrits, il aborde des sujets aussi divers que la divination, la géomancie, l'astronomie, les généalogies impériales, le *Canon de la piété filiale* et les *Entretiens* de Confucius.

Les trois amis étaient convenus d'éviter de passer par le chemin du « Torrent du Tigre », ainsi nommé car un fauve y habitait. Cependant voilà que, perdus dans leurs discussions philosophiques, ils ne se rendirent pas compte qu'ils s'engageaient justement sur ce chemin en ne prêtant aucune attention aux rugissements qu'on entendait de plus en plus proches. C'est seulement arrivés au bord du torrent qu'ils s'aperçurent de leur terrible méprise, et ils éclatèrent ensemble de rire.

Bien que les dates des trois personnages montrent bien qu'il s'agit d'un récit fictif, cette scène est devenue un thème pictural relativement répandu. Son titre, « Les trois rieurs du Torrent du Tigre (虎溪三笑 hǔ xī sān xiào) », évoque, par proximité phonétique, l'idée que les trois enseignements (三教 sān jiào), lorsqu'ils sont en harmonie, ne craignent aucun péril.

La splendeur des Tang

Comme les Qin Shi Huangdi l'avaient fait pour les Han, la dynastie des Sui avait largement préparé le terrain sur lequel allait se développer la grande dynastie des Tang (618-907), une des plus somptueuses de l'histoire chinoise. Plus étendue encore qu'aujourd'hui, la Chine des Tang était le plus grand et le plus riche pays du monde. Mais en son sein, les trois grands courants majeurs de la pensée chinoise s'affrontaient.

Le taoïsme, du fait que le nom clanique de la dynastie régnante était celui que la tradition avait attribué à Laozi, jouissait dans les allées du pouvoir d'une position très favorable. Le bouddhisme avait de son côté su profiter des siècles chaotiques pour acquérir dans la société une position des plus puissantes. Grâce à l'organisation socio-économique des monastères et au régime d'exemption fiscale qui leur avait été accordé par de pieux souverains, les communautés bouddhistes avaient amassé sur une longue durée un capital tel qu'il finissait par porter ombrage à la cour elle-même et au trésor de l'empire, un peu comme, dans l'Europe médiévale, l'ordre des Templiers[82].

Sous les Tang, des lettrés confucéens s'insurgeaient constamment contre cet état de fait. Nous verrons le détail de leurs disputes philosophiques dans le chapitre consacré au bouddhisme ; citons simplement ici, pour donner une idée de leur violence, le *Yuan Dao*, littéralement « Le *dao* originel », brûlot écrit par un lettré confucéen nommé Han Yu (764-826) dans lequel il demandait simplement que « les moines bouddhistes soient rendus à la laïcité, que leurs livres soient brûlés, et leurs monastères transformés en habitations civiles[83] ». Il fut entendu vingt ans plus tard, toujours sous les Tang, lors de la grande proscription de 824 qui porta un grave coup à l'essor du bouddhisme en Chine.

Le néoconfucianisme des Song

Comme un battement continuel, à la chute d'une grande dynastie s'ensuit une nouvelle période d'anarchie et d'instabilité politique. Les Tang s'écroulèrent en 906 et commença alors pour la Chine une période sombre qui devait durer un demi-siècle. Cette parenthèse aurait dû être sans importance dans l'histoire millénaire du pays, sauf que c'est à cette époque que survint l'horrible idée de mutiler les pieds des femmes. Née du caprice d'un empereur sans pays ni pouvoir, cette mode stupide et folle apparue au sein d'une cour en pleine décadence allait au cours des siècles contaminer la société entière jusqu'à devenir un supplice banal. C'est ainsi que, sous les Ming (1360-1644), des paysans bandaient les pieds de leurs fillettes dans l'espoir que, si l'enfant devenait jolie, un riche marchand l'achèterait comme concubine[84]. Et c'est ainsi que l'on put voir dans les campagnes des malheureuses au visage ingrat, moissonnant à genoux puisqu'elles ne pouvaient plus se tenir debout sur leurs pieds.

Si l'on comprend bien qu'il faut une époque moralement et politiquement disloquée pour que puisse naître pareille barbarie, pour qu'elle puisse durer et s'inscrire dans le paysage quotidien au point de devenir *normale*, il faut qu'elle s'enracine dans un mépris grandissant envers les femmes. La misogynie était en effet une des caractéristiques de l'état d'esprit de la dynastie Song, au cours de laquelle se répandit un florilège d'aphorismes populaires désastreux (comme : « Il suffit qu'une femme monte dans un bateau pour qu'il coule ») attribués à Confucius qui continuent encore maintenant à polluer le discours chinois et l'image du maître.

En 960, un général à poigne fonda donc la dynastie des Song. Il savait bien qu'il ne lui suffisait pas de réunifier le pays à la force de son épée, mais qu'il devait aussi le rassembler sur de nouvelles bases idéologiques. Un vaste mouvement philosophique prit alors son essor, porté par des personnalités de renom comme Shao Yong, Zhou Dunyi, les frères Cheng et Zhu Xi. « Néoconfucianisme », tel est le nom que les jésuites, par analogie avec le néoplatonisme de la Renaissance, donnèrent à ce mouvement philosophique fondé sur une réinterprétation des textes de Confucius et de Mengzi. Les Chinois, eux, l'ont toujours appelé 理學 lǐ xué, littéralement l'« étude du principe constitutif ».

L'idée maîtresse de ce mouvement était que la transmission authentique de l'enseignement de Confucius s'était arrêtée avec Mengzi, que l'instauration du confucianisme comme idéologie d'État par les Han l'avait figé dans son développement et que, par la suite, le bouddhisme et le taoïsme s'étaient accaparé une place indue sur le plan intellectuel et culturel, profitant, pour l'un, de la désorganisation politique de l'État, pour l'autre, de sa protection clanique par les Tang. L'objectif du néoconfucianisme, fondamentalement réactif à l'origine, devint au cours des siècles complètement réactionnaire. En ses débuts, il n'était pas d'œuvrer à une harmonieuse unification des trois enseignements, comme les Sui l'avaient tenté quatre siècles auparavant ; il visait bien plutôt, « en débarrassant le confucianisme d'un certain nombre d'erreurs accumulées au cours des siècles, (à) y trouver le moyen de combattre à la fois l'individualisme taoïste et la décourageante tendance bouddhiste à considérer le monde comme une illusion[85] » – et cela en construisant, « à partir des bases confucéennes réinterprétées, une cosmologie et une théorie de la connaissance qui rendraient obsolètes celles que proposaient le taoïsme et le bouddhisme[86] ».

Le taoïsme religieux avait en effet développé une cosmologie certes nébuleuse, mais qui avait l'avantage d'être assez complète. Le bouddhisme, lui, avait apporté à la Chine non seulement l'épistémologie mais aussi la métaphysique, les deux grandes lacunes du confucianisme, particulièrement ce qui en avait été érigé comme morale d'État par les Han. Pour pallier tous ces défauts accumulés, une réaction d'envergure était nécessaire. Pour qu'elle soit acceptable par tous, il fallait qu'elle s'enracine dans le meilleur du fonds commun chinois : le *Yi Jing*. Plus précisément, c'est dans la lecture qu'en avait donnée le néotaoïsme que les néo-confucianistes trouvèrent la cosmologie qui leur manquait pour contrer le bouddhisme. Les penseurs Song trouvèrent ainsi dans les discours de l'école du Mystère des arguments montrant que le confucianisme ne se limitait pas seulement au niveau social et au monde humain, mais qu'il avait aussi une portée cosmique – dimension qui aurait vraisemblablement étonné Confucius lui-même.

Le Tai Ji

Zhou Dunyi (1017-1073) assoit cette nouvelle cosmologie sur une phrase du *Grand Commentaire* du *Yi Jing* dans laquelle est racontée la naissance des huit figures primordiales à partir d'un terme premier appelé *tai ji* : « Dans le *Yi (Jing)*, il y a le *tai ji*. De ce fait naissent les principes couplés. De ces principes couplés naissent les quatre images. De ces quatre images naissent les huit figures[87]. »

Cette phrase avait déjà été utilisée par Shao Yong (1011-1077), numérologue fameux, sorte de Nostradamus chinois. Sa *Numérologie de la Fleur de Prunier* permettait à des devins de marché de faire des prédictions temporelles soi-disant à partir du *Yi Jing*, en fait par de simples jeux de signes élémentaires et de marques calendériques associés aux traits constitutifs des hexagrammes, tout en négligeant totalement le texte canonique. Shao Yong et surtout Zhou Dunyi, comme jadis Zhang Daoling, rapprochent le chapitre 41 du *Dao De Jing* – « Du *dao* naît le un, du un naît le deux, du deux naît le trois, du trois naissent les dix mille êtres » – du paragraphe du *Yi Jing* sur le *tai ji* et en tirent toute une cosmogonie. Le *tai ji*, « clef de voûte de tout leur système, est censé, en servant ainsi de terme premier, fournir son concept à l'absolu, établir le fondement de la réalité. Le pas est facile à franchir alors qui conduit à ériger la notion en entité métaphysique[88] », d'autant plus que, dans le texte du *Yi Jing*, aucune explication n'est proposée de ce mystérieux Tai Ji*.

---

* Les dénominations usuelles que l'on en donne, « Grand Premier Commencement », « Grand Ultime », « Faîte Suprême », viennent du discours des Song (et on devine avec quelle gourmandise elles furent reprises par les missionnaires chrétiens) mais pas des idéogrammes originaux. Dans ceux-ci, le premier (太 tài) évoque l'idée d'extrême et le second (極S极jí) la poutre faîtière d'un bâtiment, celle à partir de laquelle la pente du toit après être montée dans un sens retourne son mouvement. Partant de ces simples considérations, il me semble qu'il est plus juste, et plus en rapport avec la dynamique qui est exposée dans le *Grand Commentaire* du *Yi Jing*, de comprendre l'expression *tai ji* comme l'évocation du « Grand Retournement » qui, à l'aboutissement de tout mouvement yin ou yang, se transforme en son pendant. Pour plus de détails sur cette interprétation, voir Cyrille Javary, *Le Discours de la tortue*, *op. cit.*, p. 463-493 (« Shao Yong, les diagrammes du Nostradamus chinois »).

Zhu Xi (1130-1200), enfin, ajoute à ce premier détournement un coup de maître, en *inventant* une « représentation » de ce Faîte Suprême : ☯, dessin maintenant fort répandu en Occident où il est généralement appelé « dessin du Tao » (ce qui est un peu curieux puisque, par nature, le *dao* n'est pas représentable). L'origine de ce dessin est assez obscure. Il apparut à la cour d'un empereur des Song du Nord, Huizong (1100-1125), qui n'arrêtait pas de brandir des talismans prouvant sa légitimité à l'heure où les barbares Jürchen ne cessaient de rétrécir son empire. Il aurait un beau jour « découvert » ce dessin, disant le tenir du grand ancêtre Fuxi lui-même. Cela ne l'a pas empêché d'être finalement vaincu et capturé par ses ennemis qui s'établirent à Pékin, forçant ainsi les Song à se replier vers le sud… La grande trouvaille de Zhu Xi est de décréter que ce diagramme est le « dessin » du *Tai Ji*. Ce tour de passe-passe serait resté relativement inaperçu sans un détail historique : c'est à cette époque que l'imprimerie en caractères mobiles est inventée. Aussi, depuis lors, *tous* les livres qui comportent ce dessin lui donnent ce nom, et l'un et l'autre paraissent avoir été associés de toute éternité.

Zhu Xi donne finalement à sa vision philosophique le nom de 道学 dào xué, littéralement l'« étude du *dao* » car il s'agit pour lui, « en retrouvant ce qu'il estime être la voie de Confucius obstruée par le temps et les mécompréhensions, pour chacun de nous, de réaliser (dans tous les sens du terme) l'ordre céleste naturel tel qu'il se trouve intégralement en nous-mêmes[89] ». C'est pourquoi, continue Ivan Kamenarovic, « étant deux aspects indissociables d'une même et unique réalité profonde, yin et yang, repos et mouvement, fonction et constitution, souffle-énergie et principe-structure figurent un ensemble qui n'est ni physique ni métaphysique, ni immanent, ni transcendant».

Seulement, cet ensemble repose malgré tout sur un axiome à la fois totalement absent du *Yi Jing* et en même temps d'une évidence si absolue pour Zhu Xi qu'il n'éprouve même pas besoin de le mentionner : la dévalorisation systématique du yin. En effet, «pour Zhu Xi, le souffle-énergie (*qi*) est à l'origine de l'individuation des êtres et donc de leurs différences et inégalités. Or ce souffle-énergie varie par degrés selon l'individu, de l'opaque au lumineux, du froid au chaud, du lourd au léger, du granulaire au fin, du pur au turbide, suivant la prédominance du yin (énergies femelles, liées à l'obscur, au passif, à l'intérieur) ou du yang (énergies mâles, liées au lumineux, à l'actif, à l'extérieur)[90]». Et plus loin tombe la conclusion suivante : «Les éléments yin empêchent le principe-structure (*li*) de s'actualiser et de se manifester complètement, alors que les éléments yang le permettent. Sous cet angle, le souffle-énergie est à l'origine du mal dans le monde. Car dans la mesure où le principe-structure n'est pas seulement un principe constitutif normatif, son obscurcissement, même partiel, par le souffle-énergie met l'individu sur la voie non seulement de la finitude mais aussi de l'imperfection et de l'immoralité. Les mêmes difficultés d'explication du mal rencontrées chez Mengzi réapparaissent chez Zhu Xi. Seuls peuvent atteindre la sagesse et la sainteté ceux dont le *qi*, de naissance, est lumineux, chaud, léger et pur[91]» c'est-à-dire – comme c'est étrange! – toutes les qualités associées au yang…

L'époque moderne

Au début du XXe siècle, la Chine porte sur son passé culturel un regard dépité. Le confucianisme fait figure de sclérose, il est accusé de tous les maux : le 4 mai 1919, les intellectuels défilent en scandant : « À bas la *boutique* de Confucius* ! » On ne retient alors du confucianisme que ce qu'en ont favorisé des dynasties réactionnaires : son conformisme, son respect de la hiérarchie, oubliant son exigence morale et sa quête de justice, son rappel des devoirs de critique envers le prince et le père lorsqu'ils sont dans l'erreur, son exigence à toujours préférer la voie juste à celle du pouvoir.

Cependant, dès son retour au pouvoir en 1977, Deng Xiaoping se demande comment combler le vide intellectuel créé par l'abandon du maoïsme. Des intellectuels proposent alors, comme à la fin du XIXe siècle, d'y substituer en bloc les valeurs occidentales : capitalisme, démocratie, société civile. Mais c'est trop, ou trop tôt, particulièrement pour l'orgueil national, et cela échoue. En 1978, le gouvernement organise le premier colloque national visant à réhabiliter le message de Confucius et d'importants débats ont lieu à ce sujet durant toutes les années 1980. En écho aux revendications fondamentalement confucéennes des étudiants du Printemps de Pékin en 1989, auxquelles il

* Lorsque cet événement est rapporté, on oublie souvent de remarquer que le slogan n'est pas : « À bas Confucius ! », mais : « À bas la *boutique* confucéenne ! », ce qui n'est pas tout à fait pareil. Ce n'est pas Confucius qui est conspué, mais le dévoiement du confucianisme.

est mis un terme sanglant, on voit le premier ministre Li Peng venir en personne à Qufu, en septembre de la même année, assister aux imposantes cérémonies organisées pour le 2 540ᵉ anniversaire de la naissance de Confucius.

« Le fait nouveau qui, dans les années 1990, a autorisé la réévaluation positive de l'héritage du passé (qui avait été critiqué de manière systématique durant les années 1980, notamment avec le succès de l'émission « Élégie pour le fleuve Jaune »), c'est l'avènement de l'Asie-Pacifique[92]. » Les pays nouvellement industrialisés de la région, Singapour à leur tête, attribuent leur miracle économique non au modèle capitaliste et à leur propre capacité à l'adapter, mais à leurs « valeurs asiatiques » intrinsèques, bien distinctes à leurs yeux des valeurs occidentales. Faisant fi de l'individualisme aveugle qui, de San Francisco à Melbourne, crée l'anarchie et la paralysie, les « petits dragons » ne jurent que par la solidarité familiale, la soumission indiscutée à l'autorité politique quelle qu'elle soit et le sacro-saint intérêt collectif qui doit toujours prendre le pas sur les intérêts privés.

« Dans ce cocktail gagnant, Lee Kwan-Yew, ancien premier ministre et auteur du décollage de Singapour, grand VRP de l'asiatisme conquérant, voit un héritage du confucianisme – ordre, obéissance aux supérieurs, dévouement à l'État, piété filiale. Loin d'être un obstacle au développement, comme le croyaient des générations de Chinois assoiffés de modernité, la vénérable doctrine du Sage serait au contraire un facteur favorable. (...) Ce néoconfucianisme-là, qui présente l'avantage de mettre fin à cent cinquante ans de complexe d'infériorité, arrive à point nommé. Contesté à l'intérieur, ostracisé à l'extérieur pour sa brutalité dans le règlement du Printemps de Pékin, le régime chinois s'associe sans réserve en 1993 à la déclaration de Bangkok. Signée par tous les pays autoritaires de la région, elle proclame une "version asiatique" des droits de l'homme[93]. »

Depuis, le confucianisme effectue un double retour en Chine, à la fois institutionnel et médiatique. À l'intérieur, la refonte des cursus scolaires lui accorde une place de plus en plus importante. Des filières de philosophie confucéenne sont créées dans les universités, des sociétés savantes se forment et se réunissent en congrès annuels. À l'extérieur, depuis 2004, des instituts Confucius financés par le gouvernement chinois se répandent dans le monde à un rythme soutenu (en 2010, on en compte déjà plus de cinq cents).

M. Feng Zhe, qui a ouvert une école confucéenne dans la banlieue chic de Pékin, explique ainsi à Caroline Puel : « Pendant des générations, nous n'avons appris que des valeurs importées d'Occident, marxisme compris. Tout cela a forgé notre complexe d'infériorité. En redécouvrant notre culture, nous récupérons une confiance en nous. Et puis, Confucius est universel. Ce n'est pas un dieu, c'est un sage et ses réflexions sont étonnamment adaptées à notre époque si changeante. » Et il ajoute : « Les parents d'aujourd'hui travaillent énormément et délèguent toutes les tâches éducatives aux *ayi* (nounous) et aux grands-parents, c'est-à-dire aux gens les moins cultivés. Nos enfants sont bien propres et bien nourris, mais ils ont la tête vide[94]. » Les méthodes de l'école de M. Feng, strictement traditionnelles, s'articulent en trois cycles de trois ans : de trois à six ans, les enfants apprennent par cœur les textes classiques en les répétant des centaines de fois (sans les comprendre car ils sont en chinois ancien, encore plus différent du chinois actuel que la langue de Platon ne l'est de celle parlée aujourd'hui à Athènes) ; de six à neuf ans, ils lisent les mêmes textes, en essayant cette fois de les interpréter; de neuf à douze ans, ils commencent à se les approprier. M. Feng est persuadé qu'avec un tel entraînement, ses élèves n'auront aucun mal, l'heure venue, à apprendre très vite de nouvelles matières.

Enfin, c'est un «tsunami Confucius» qui balaye les médias depuis quelques années. En 2003, M. Zhou Guodian, professeur à Pékin, a publié ses *Anecdotes de la morale traditionnelle*, recueil de fables confucianistes à l'usage des enfants qui s'est vendu à huit millions d'exemplaires. Mme Yu Dan, quarante-deux ans, cheveux courts et allure moderne, enseignante à l'École normale de Pékin, est quant à elle devenue une star en 2006 par ses commentaires des citations de Confucius au cours de l'émission *Lecture Room* de CCTV, la chaîne culturelle de la télévision d'État. Yu Dan est devenue la spécialiste la plus médiatisée de la pensée du maître. Son livre intitulé en chinois «Ce que j'ai appris du *Lun Yu*», tiré à plus de dix millions d'exemplaires (copies pirates incluses), est paru en français sous le titre *Le Bonheur selon Confucius. Petit manuel de sagesse universelle*[95] non seulement racoleur mais surtout ahurissant dans la mesure où le mot «bonheur» ne se trouve nulle part dans les *Entretiens*.

Le bouddhisme

« Les enseignements des Cinq Classiques ne contiennent pas tout.

Même si le Bouddha n'y est pas mentionné, est-ce là une raison d'en douter ?

Selon les écritures bouddhiques, tous les êtres entre lesquels coulent du sang

appartiennent au clan du Bouddha. C'est pourquoi je révère ces écritures

sans pour autant rejeter celles de Confucius et de Laozi.

L'or et le jade ne se nuisent pas l'un l'autre.

Dire qu'autrui est dans l'erreur, c'est se tromper soi-même[1]. »

La légende du cheval blanc

En ce matin de printemps de l'an 68 de notre ère, dans Luoyang, sa capitale fleurie de pivoines, l'empereur Han Mingdi est troublé. Son esprit reste habité par le songe qu'il a fait la nuit précédente d'un magnifique cheval blanc portant sur son dos un bagage d'où filtrait une lueur à la fois singulière et rassurante. Apparaissait ensuite un personnage les jambes croisées sur une fleur de lotus, mystérieusement vêtu : il portait une tunique dont le drapé retombait en plis gracieux, mais son épaule droite était découverte comme celle des chevaliers vaincus qui implorent merci. Ses cheveux étaient noirs comme ceux des Chinois, mais étonnamment bouclés et ramenés en un chignon bien différent de celui des lettrés. Et, dans son regard, l'empereur ne lisait pas la respectueuse frayeur que ses sujets manifestent habituellement en sa présence, mais une infinie mansuétude.

Il y songe encore lorsque son chambellan lui annonce l'arrivée d'une caravane venue du lointain Occident qui lui apporte hommages et présents. S'étant avancé jusqu'au parvis de la salle d'honneur de son palais, l'empereur, stupéfait, voit alors avancer vers lui un splendide cheval blanc, exactement celui de son rêve. « Notre présent, disent alors les étrangers, vaut plus que l'or ou le jade ; ce sont des textes où est enseignée la plus grande sagesse au monde, ainsi qu'une statue du prince "Éveillé", le sage qui nous a transmis ce joyau. » L'empereur en est très surpris. Non qu'on lui fasse des cadeaux – c'est là chose normale –, ni que ce soient des textes – on respecte trop l'écrit au pays des idéogrammes –, mais que, parmi ces présents, l'un d'eux soit une statue.

Les Chinois d'alors ne sculptent ni leurs dieux ni leurs sages. Ils ne réalisent des statues que pour un usage bien particulier : on garnit les tombes des souverains et des princes de haut rang. Substituts de la réalité, ces sculptures funéraires ne représentent pas quelqu'un en particulier, mais tous les éléments de la vie quotidienne des souverains et des princes : dames de cour, chambellans, serviteurs, musiciens, gardiens, cuisiniers, mais aussi poulailler, chenil, porcherie, fosses d'aisance, etc., bref tout ce qui doit continuer à servir leur maître dans le monde, invisible mais réel, où il se rend après son décès. Les guerriers en terre cuite de l'armée spectrale de Qin Shi Huangdi répondent à cette préoccupation : où qu'il aille, un empereur se doit d'être protégé par son armée. De ce point de vue, l'idée de sculpter une statue pour représenter une personne, si noble et sage soit-elle, dans le simple but de la vénérer, paraît alors aux Chinois tout à fait exotique.

Quand celle qui est offerte à l'empereur est débarrassée des tissus qui la protégeaient, celui-ci ne peut retenir un geste de saisissement : elle ressemble exactement au personnage qu'il a vu dans son rêve. Plus il regarde la statue, plus l'infinie sollicitude de son sourire l'envoûte : jamais en terre de Chine on n'a vu pareille représentation de la douceur, de la compassion. « Si l'enseignement que vous a transmis ce sage contient autant de bienveillance que ce visage, dit-il à ses hôtes, il faut qu'il soit répandu dans tout mon empire. Et pour qu'il en soit ainsi, j'ordonne que soit bâtie une maison d'hôtes pour qu'y soit déposée cette statue et que viennent s'y installer les doctes personnes venues des confins occidentaux afin qu'elles expliquent cet enseignement aux habitants du pays du Milieu. »

C'est ainsi que la tradition rapporte l'arrivée du bouddhisme au pays de Confucius, son implantation sous la protection des empereurs de la dynastie des Han de l'Est et la création, vers la fin du Ier siècle de notre ère, à Luoyang, du premier temple bouddhiste de Chine, le Baima Si ou « temple du Cheval Blanc ». Plusieurs fois démoli et reconstruit, mais jamais débaptisé, ce temple existe toujours. Aujourd'hui, devant son entrée principale, un cheval de pierre tout harnaché, sculpté sous les Song, rappelle l'événement qui fut à son origine.

Légende, bien sûr, que tout cela – c'est-à-dire vérité à la chinoise. Car ce que proclame le nom de ce temple, c'est que le bouddhisme est entré en Chine par l'ouest, dont la couleur symbolique, dans le système chinois, est le blanc, et qu'il venait du pays des chevaux, c'est-à-dire du Fergana, l'actuel Afghanistan. Pour le reste, les choses se sont évidemment passées un peu différemment.

Comment le bouddhisme est arrivé en Chine

En Chine comme ailleurs, le bouddhisme s'est répandu à la manière des fraisiers : par marcottage spirituel. Le marcottage est une forme de propagation naturelle par laquelle une plante mère projette des sortes de ramifications aériennes qui se développent en l'air puis, s'alourdissant, touchent terre et s'enracinent ; finalement, la nouvelle implantation devient autonome et projette à son tour de nouvelles ramifications alentour. Cette image horticole prend tout son sens lorsqu'on considère l'expansion du bouddhisme du point de vue économique : « Les communautés bouddhistes constituent des groupes purement parasitaires, puisqu'ils se composent de religieux mendiants qui vivent uniquement de dons, même pour leur nourriture quotidienne. Le territoire d'une telle communauté est la *sima*, le “circuit de la mendicité” dont les limites sont définies par la distance qu'un moine mendiant peut parcourir à pied dans sa tournée journalière. Sa superficie est donc très restreinte. D'autre part, la communauté a normalement tendance à grandir et, comme la marge de surproduction – c'est-à-dire la capacité à entretenir un groupe économiquement parasitaire – est limitée dans toute économie prémoderne, cette croissance s'accompagne nécessairement d'un processus d'émigration. Les moines en surnombre s'en vont, suivant les grandes routes commerciales, pour établir leur propre communauté. Ils choisissent pour cela des endroits économiquement bien situés : soit une région agricole prospère, soit à proximité d'une grande ville ou au carrefour de grandes routes menant aux lieux saints qui attirent des pèlerins ; en un mot, partout où se trouvent des *danapati*, des "seigneurs du don", c'est-à-dire des laïcs généreux parmi lesquels se rangent volontiers commerçants et caravaniers qui traversent océans et déserts en craignant pour leurs marchandises. Ce principe qui, dès l'origine, a servi à la diffusion du bouddhisme en Inde est aussi celui qui l'a emmené bien au loin de sa terre natale[2]. »

Des caravanes marchandes franchissaient souvent les portes majestueuses de la capitale des Han. La poussée des Han vers le couchant n'était pas motivée par le seul intérêt commercial, mais aussi par la recherche des solides chevaux afghans qui équipaient les cavaleries des peuples nomades des steppes d'Asie centrale. Ces chevaux, les meilleurs du monde, avaient déjà excité la convoitise de Cyrus le Perse et, après lui, d'Alexandre. Le premier n'y avait effectué qu'un raid temporaire, le second y avait installé de façon permanente des hommes à lui dont les descendants avaient formé le prospère empire des Séleucides, conservatoire des traditions artistiques de la Grèce classique, point médian de cette route transeurasienne où, à l'orée du IIe siècle avant notre ère, transitaient marchandises précieuses et idées nouvelles.

Les racines indiennes du bouddhisme

Né en Inde, au début du Vᵉ siècle avant notre ère, le bouddhisme garde du terreau culturel indien de son époque deux principes : le *samsara*, doctrine de la transmigration des âmes selon laquelle tous les êtres vivants, y compris les dieux, sont engagés dans un cycle incessant de renaissances, et le *karma*, loi de la rétribution qui postule que chaque acte, bon ou mauvais, a une conséquence. Le bouddhisme rejette par contre la notion d'*âtman*, principe spirituel et impérissable de l'être humain qui serait identique à l'Être suprême et subirait, inchangé, les réincarnations. Pour le bouddhisme, la réalité spirituelle est, au même titre que la réalité matérielle, soumise au principe de l'impermanence : tout se décompose et se recompose sans cesse, il n'y a rien d'éternel. Le bouddhisme récuse également le système des castes – ce qui est sans doute l'une des causes de sa disparition en Inde – et affirme que l'ascèse et ses mortifications ne sont, pas plus qu'une vie d'excès, la bonne voie pour atteindre l'Éveil. C'est pourquoi la doctrine du Bouddha se présente comme la « Voie du milieu ».

Le bouddhisme s'ordonne principalement autour de trois piliers : un homme, une loi et une communauté. L'homme est Siddhârta Gautama, prince d'un petit royaume situé sur les contreforts du Népal. Parfois appelé Sakyamuni (littéralement le « sage du clan Sakya »), sa réalité historique ne fait aucun doute, même si les dates de sa vie (560-480) ne sont pas assurées à l'année près. Il sera surtout connu sous le nom de Bouddha (en sanskrit « éveillé »). La Loi (en sanskrit *dharma*) qu'il enseigne est résumée par les « Quatre Nobles Vérités » : la douleur est consubstantielle à la vie ; la douleur a une cause qui est le désir, la soif d'existence ; la douleur peut être abolie, en éteignant ce qui la cause ; extirper en soi le désir de vivre délivrant de la roue des transmigrations, la délivrance de la douleur, le *nirvana*, s'obtient en suivant vie après vie le « Noble Sentier Octuple », c'est-à-dire les huit voies correctes d'existence ; celles-ci s'ordonnent autour de trois pôles : moralité extérieure, concentration intérieure et discipline mentale, cette dernière servant à développer en soi le discernement nécessaire permettant de percevoir l'illusion de la réalité du monde et son caractère fondamentalement soumis au changement. Ce dernier point sera une grande porte d'accès vers le bouddhisme pour l'esprit chinois, formé depuis longtemps déjà à la continuelle transformation du yin-yang.

Observer le célibat, n'accomplir que des bonnes actions, pratiquer la contemplation méditative, répéter indéfiniment le nom de Bouddha permettent d'acquérir des mérites et ainsi d'avancer sur le chemin de la délivrance. Ceux qui se sentent prêts à mener ce genre de vie se détachent du monde et deviennent des moines. En quête d'apaisement plus que d'absolu, ils forment avec les laïcs une osmose organique. Le troisième pilier du bouddhisme est ainsi la communauté (*sangha*), qui réunit les religieux et les laïcs unis par un système d'échanges réciproques. En subvenant aux besoins matériels des moines qui en retour prient pour les donateurs, ces derniers espèrent que le fruit de leur générosité les fera accéder à une vie future moins douloureuse et, au bout du compte, à la délivrance finale de toute souffrance, le *nirvana*.

Hinayana et Mahayana

Environ au tournant de notre ère, le bouddhisme s'est divisé en deux grands courants. La voie originelle, ou Theravada, est une voie étroite, difficile, aride et personnelle que seuls les vrais saints peuvent emprunter. Aussi, au cours de ses transmissions orales loin de son pays d'origine, une voie nouvelle s'est ouverte à l'enseignement du Bouddha, une voie large, grande, universelle : le Mahayana, ou Grand Véhicule – ce qui entraîna par dérision l'appellation de l'école rivale, le Theravada comme : Hinayana ou Petit Véhicule. Les adeptes de cette nouvelle forme de bouddhisme reprochent aux tenants du Theravada de s'enfermer à l'intérieur de leurs monastères pour se préoccuper uniquement de leur salut individuel, tandis qu'eux-mêmes mettent l'accent sur le fait que l'illumination personnelle n'a de sens que si l'humanité entière est sauvée. Il n'est donc pas nécessaire de s'enfermer dans un couvent puisque chaque être porte en lui l'essence du Bouddha et qu'il suffit de s'éveiller pour y parvenir. Ainsi, le bouddhisme qui est à l'origine une philosophie de la délivrance est devenu au cours de ses pérégrinations une religion du salut universel. Si les enseignements du Grand Véhicule, orientés à la fois vers l'universalité du salut et l'intériorité du sage, ont emporté bien plus largement l'adhésion des Chinois que ceux du Petit Véhicule, lequel s'est surtout développé en Asie du Sud-Est, c'est vraisemblablement parce que Confucius avait depuis longtemps déjà convaincu les Chinois de la perfectibilité de la nature humaine et de sa propension naturelle à la moralité.

Les bodhisattvas

Le bouddhisme chinois se distingue également par un culte quasi divin de l'idée de Bouddha, ou bouddhéité, considérant que le Bouddha historique n'est qu'un des innombrables bouddhas apparus au cours des siècles passés et à venir. Pour le bouddhisme Mahayana, tout le monde doit être sauvé et les plus avancés dans la voie de l'éveil ont le devoir d'aider les autres vers ce but avant d'y accéder eux-mêmes. Distinguant plusieurs niveaux de vérité et plusieurs niveaux d'enseignement, le bouddhisme Mahayana se prête volontiers au syncrétisme ainsi qu'aux croyances populaires de salut, avec rétribution des actes et assistance d'intercesseurs compassionnels.

De ce fait, le Mahayana accorde une importance essentielle aux bodhisattvas, littéralement ceux qui sont sur le point (*sattva*) de devenir des éveillés (*bodhi*). Dans la terminologie bouddhiste, le bodhisattva est une sorte de saint. C'est un être qui, durant ses vies successives, a acquis suffisamment de mérites pour pouvoir enfin accéder au *nirvana*, cesser de souffrir et devenir un bouddha mais qui, parvenu au seuil du basculement final, y renonce volontairement pour ne pas en jouir seul. Il accepte donc de revenir encore vivre dans le monde dans le seul but d'aider les autres vers la voie du salut. Le bodhisattva est une figure héroïque qui comble les attentes des fidèles par sa capacité à continuer d'endurer les souffrances de ce monde et les rassure par l'étendue de sa compassion.

On peut mesurer l'importance des bodhisattvas pour le bouddhisme chinois au fait que l'un des premiers textes bouddhistes traduits en chinois par Yan Fodao (considéré comme le premier moine bouddhiste purement chinois et disciple d'An Shigao, voir p. 179) est *L'Enseignement de Vimalakirti*[3]. Ce texte raconte l'histoire suivante.

Un jour, le Bouddha demanda à ses disciples rassemblés autour de lui d'aller prendre des nouvelles de son ami le riche laïc Vimalakirti. Et chacun alors de décliner tour à tour la proposition : tous avaient eu un jour ou l'autre maille à partir avec Vimalakirti et craignaient ses reparties cinglantes qui les laissaient sans voix. Seul Manjusri accepta de se rendre au chevet du malade qui le reçut en fort bonne santé – car la maladie dont souffrait Vimalakirti était l'ignorance de la Loi. Et il en souffrirait aussi longtemps que durerait le malheur des êtres vivants. C'est alors que se noua entre celui qui allait devenir le bodhisattva de la sagesse et le laïc raisonneur un dialogue étourdissant qui rappelait aux Chinois les discussions de Zhuangzi et Huizang. Dans ce texte, les deux complices renchérissent l'un sur l'autre dans la réfutation des principes les plus sacrés du bouddhisme ancien, qualifiés de « vain bavardage » : seule compte à leurs yeux l'action secourable du bodhisattva, uniquement préoccupé de soulager les souffrances des êtres humains, capable d'intervenir en tous lieux et sous toutes les formes sans se soucier ni du pur ni de l'impur. Puisqu'un laïc comme Vimalakirti pouvait être un bodhisattva accompli, il n'était même plus besoin d'embrasser l'état monastique. Le sutra du sermon de Vimalakirti eut de ce fait un grand succès auprès des fidèles chinois : il proposait un idéal religieux élevé sans pour autant qu'il soit besoin d'endosser l'habit monastique et les contraintes qui l'accompagnent.

Un contexte propice

Rétrospectivement, l'implantation du bouddhisme en terre de Chine relevait de la plus haute improbabilité, tant les fondamentaux de la foi et de la pratique bouddhistes étaient en complète contradiction avec la mentalité et la culture chinoises. Seulement, lorsqu'il apparut aux marches de l'empire chinois, à la chute des Han, le pays était en train de sombrer dans une longue période de troubles internes et d'agressions militaires externes qui se succédèrent sans trêve : ce furent les périodes des Trois Royaumes (220-265), des Six Dynasties (265-316), des Seize Royaumes (304-439) puis des Neuf Dynasties du Nord et du Sud (420-589) dont nous avons parlé dans le chapitre sur le confucianisme. Durant ces siècles troublés, la vie n'avait guère de valeur, la guerre était courante, l'incertitude constante. Aussi, lorsque d'habiles prêcheurs (et les moines bouddhistes sont formés à l'art du discours apostolique) expliquaient à tous ceux qui souffraient de cet état de choses que le monde chaotique qui était leur lot quotidien n'était qu'une illusion et qu'il existait une voie par laquelle il était possible de mettre fin à leurs souffrances quotidiennes, ils trouvaient des auditoires réceptifs. « Les communautés de croyants se constituent en couvents autour d'un maître et de son école, d'un sage ou d'un temple. La solide organisation de ces monastères, solide tant du point de vue de la sécurité que de celui du ravitaillement, solide encore sur le plan du refuge offert contre les vicissitudes politiques, militaires, dynastiques, morales, draine vers eux une population considérable[4] », explique Ivan Kamenarovic. Dans la Chine du Nord soumise aux invasions des peuples nomades d'Asie qui déferlèrent sur la grande plaine du fleuve Jaune après la chute des Han, le bouddhisme devint très important pour une raison particulière : c'était à l'époque la plus grande religion internationale. Elle avait montré, traversant l'Inde, l'Afghanistan, les oasis d'Asie centrale, son aptitude à s'adapter à des sociétés complètement différentes. Le bouddhisme plaisait aux « barbares » car il ne heurtait pas leurs anciennes traditions chamaniques. Mais comme il plaisait aussi aux Chinois, il créait une sorte d'égalité culturelle entre occupants et occupés qui adoucissait la situation politique en retirant aux conquérants le complexe d'infériorité que les cavaliers des steppes d'Eurasie ont toujours éprouvé devant la somptuosité culturelle chinoise.

Ce que le bouddhisme a apporté à la Chine

La première des consolations que les missionnaires bouddhistes apportaient avec eux était la compassion, idée tout à fait nouvelle en terre impériale. Jamais, en effet, elle n'avait effleuré les philosophes de l'Antiquité, pas plus le doux Laozi que le droit Confucius. La compassion est pour nous ce sentiment par lequel on est d'une part porté à percevoir, à ressentir la souffrance d'autrui et, d'autre part, poussé à y remédier. En chinois, le caractère qui décrit ce sentiment n'évoque pas une quelconque souffrance commune (com-passion), mais plutôt ce qui pousse à y remédier. Le caractère 悲 bēi est formé de deux parties : en bas, on trouve le signe du cœur (心 xīn), marqueur des sentiments ; en haut, le signe 非 fēi qui a aujourd'hui un sens de négation. On l'explique généralement ici comme un simple indicateur phonétique. Cela n'est certainement pas inexact, mais reste insuffisant dans la mesure où il existe en chinois de nombreux autres idéogrammes homophones de celui-ci dont on aurait pu tout aussi bien se servir. Si c'est celui-là qui a été choisi, c'est qu'il apportait un supplément de signification.

Le caractère 非 fēi part du caractère désignant les plumes des oiseaux en général, 羽 yǔ. Comme on peut le voir dans les formes anciennes de cet idéogramme, les anciens Chinois trouvaient remarquable le fait que ces plumes soient parfaitement disposées le long des ailes et du corps des oiseaux, toujours parallèles et tournées dans le même sens. Or voici que les graphies anciennes du mot 非 fēi nous montrent ces mêmes plumes, mais *retournées* : cette désorganisation, exemple absolu de ce qui n'est pas en bon ordre, lui donne son sens de négation. C'est surtout alors que l'on peut comprendre pourquoi c'est le mot 非 fēi qui a été choisi pour écrire 悲 bēi, la « compassion » : celle-ci est essentiellement ce qui *retourne* le cœur et le désarme, comme les plumes ébouriffées d'un oiseau qui alors ne peut plus voler.

Dans le même ordre d'idées, le bouddhisme a fait découvrir aux Chinois une conception totalement nouvelle de la justice sociale et de l'au-delà. L'idéal confucéen – bien éduquer ses enfants dans le respect des rites de la piété filiale et du culte ancestral – ne suffisait plus, dans leur perspective, à assurer le repos de l'âme pour l'éternité. Le bouddhisme mettait l'accent sur la responsabilité individuelle, nonobstant les valeurs filiales : les fautes commises devenaient plus lourdes dans la mesure où il allait falloir en subir les conséquences durant plusieurs réincarnations et les criminels ne pourraient espérer aucune paix dans les temps au-delà qu'ils auraient à souffrir pour apprendre à modérer leurs passions, malgré les rites fidèlement rendus par leurs descendants. Au modèle de l'harmonie sociale, le bouddhisme substituait ainsi celui de la paix intérieure : le principe moral du *karma* (rétribution des actes) recueillait chez les gens du peuple soumis à l'arbitraire impérial un assentiment croissant dans la mesure où il mettait les classes laborieuses à égalité avec la société impériale devant la morale, égalité que le confucianisme d'État leur avait toujours refusée. Une fenêtre d'aménité s'ouvrait dans la muraille rigide à l'intérieur de laquelle s'était enfermée la société chinoise. Le principe de la réincarnation karmique ne plaisait pas uniquement aux défavorisés. Les bons vivants, de leur côté, voyaient d'un très bon œil le fait que si ce que disaient les moines étrangers était vrai, ils allaient disposer non plus d'une seule vie, mais de plusieurs, pour assouvir tous leurs appétits avant d'y renoncer ! C'est là une des marques du pragmatisme chinois qui sait toujours tirer un bienfait de ce qui nous apparaît comme une restriction.

L'un des exemples les plus démonstratifs de cette capacité réside dans ce rapport déférent et respectueux envers toutes les formes de vie que le bouddhisme apportait avec lui. Jusque-là, et cela a duré encore fort longtemps, la vie humaine était fort peu considérée. Confucius, par exemple, avait presque fait scandale lorsque, apprenant que ses écuries avaient brûlé, la première chose qu'il avait demandé avait été : « Y a-t-il des blessés ? », ce sur quoi le *Lun Yu* remarque qu'« il ne s'enquit pas des chevaux », ce qui paraissait alors grotesque dans la mesure où un palefrenier coûtait quatre fois moins cher qu'un cheval[5]. Mais les missionnaires bouddhistes allaient encore plus loin en prêchant qu'il fallait respecter toutes les formes de vie, humaines bien sûr, mais aussi animales. Voilà un principe on ne peut plus exotique pour un peuple qui a toujours considéré les animaux uniquement dans le cadre de leur usage culinaire. Quand on lit, dans des textes pas si anciens que cela, des histoires de porcs tués lentement à coups de bâton ou de centaines de poissons qu'on tue pour n'en faire sortir qu'une goutte de sang de la tête afin d'en faire un potage, on se dit que les Chinois peuvent avoir un rapport bien cruel avec les animaux.

Et voilà que le bouddhisme, par considération envers les êtres vivants (autre conséquence de la réincarnation), obligeait les Chinois à ne plus tuer d'animaux pour se nourrir. Certes, l'interdit de la viande ne paraissait pas disproportionné au petit peuple chinois qui, de toute façon, n'en consommait que fort rarement en dehors des grandes fêtes annuelles* ; certes, les taoïstes connaissaient aussi des restrictions culinaires, mais celles-ci avaient une visée médicale ou alchimique et ne s'enracinaient pas dans des considérations philosophiques, à la différence du régime végétarien des bouddhistes.

La réponse que l'esprit chinois apporta à la prescription alimentaire bouddhique est tout à fait caractéristique, surtout lorsqu'on la compare avec l'idée occidentale de « régime alimentaire » qui a une connotation de restriction, donc de privation, de manque, c'est-à-dire de frustration. Manger est une chose trop importante en Chine pour qu'une prescription religieuse la transforme en privation.

* Mao Zedong, dans un entretien avec Edgard Snow, raconta que lorsqu'il était adolescent (en 1905-1910), il mangeait un œuf par semaine et de la viande deux fois par an. Et pourtant, selon les classifications qu'il imposa par la suite, son père, qui faisait vivre cinq personnes sur un hectare et demi acquis à force de privations, aurait été considéré comme un « paysan riche » !

C'est pourquoi les restaurants végétariens chinois, ceux des monastères bouddhistes comme ceux des villes, sont des hauts lieux de la gastronomie. À l'instar de leurs confères classiques, ils proposent une carte qui peut prendre des allures d'annuaire tant le nombre de plats proposés est imposant et qui est organisée en chapitres classiques : on y trouve une liste de plats de porc, de bœuf, de poissons, de canard, de poulet, etc., bien qu'il n'y ait évidemment pas un gramme de viande dans ces plats. Tout l'art des cuisiniers végétariens est de savoir utiliser les ressources offertes par les légumes et les céréales (particulièrement le gluten) pour donner aux plats qu'ils servent non seulement le goût, la saveur et même la texture des plats carnés ou poissonneux de la cuisine classique chinoise, mais aussi leur apparence.

Des difficultés linguistiques

Alors qu'en bien des contrées étrangères, comme par exemple au Tibet, le bouddhisme apportait avec lui l'écriture, l'art et une vision philosophique cohérente et salvatrice qui permettait à la spiritualité populaire d'aller au-delà de la magie ancestrale, il en fut tout autrement en Chine, pays de vieille culture éprise de logique et rompue aux exercices de la pensée. Parmi les difficultés auxquelles se heurtèrent les propagateurs du bouddhisme, les questions de traduction prirent une importance énorme, la langue idéographique chinoise, à l'inverse du sanskrit, étant par nature peu adaptée aux modes de pensée abstraits et au style souvent discursif ou hyperbolique des littératures indiennes.

An Shigao, le premier traducteur des textes bouddhiques dont l'histoire ait conservé le nom, arriva dans la capitale chinoise en 148 de notre ère. Il s'installa bien entendu au temple du Cheval Blanc et y traduisit plus d'une centaine de textes empruntés aux divers canons se référant plus spécialement au yoga bouddhique, sans doute parce que les pratiques indiennes visant à apaiser l'esprit et à méditer sur la vérité se rapprochaient beaucoup de celles pratiquées de longue date dans les milieux taoïstes.

À cette affinité s'ajoutait un argument avancé par les taoïstes de cette époque : « Au Vᵉ siècle avant l'ère commune, Laozi, notre maître, est parti vers l'ouest, mais nous ne savons pas où il a abouti. À vous entendre, cette question est résolue ; il est allé jusque dans votre pays et il y a enseigné à votre maître. Donc, notre vocabulaire est le plus approprié pour transcrire idéographiquement les enseignements du disciple de notre maître. » En répandant cette histoire abracadabrante, les adeptes du Vieux Maître cherchaient surtout à s'opposer à la progression du bouddhisme en Chine, en montrant qu'il n'apportait rien de nouveau, qu'il s'agissait juste d'une forme dévoyée du taoïsme. La dispute entre les deux enseignements ne faisait que commencer ; elle aura, comme nous le verrons, des conséquences parfois fort brutales.

C'est ainsi que, par analogie, les premiers introducteurs du bouddhisme en Chine empruntèrent les termes usuels du taoïsme pour rendre des notions tout à fait étrangères à l'esprit chinois. L'« éveil » (*bodhi*), par exemple, tout comme le terme générique de « yoga » furent rendus par *dao*, la « voie », concept de base du *Dao De Jing*. « Soutra », dont le sens d'origine en sanskrit, « fil », le rattache au « droit-fil de la pensée » et de là à l'idée de « règle », fut traduit par *jing*, idéogramme dont nous avons vu que le sens d'origine, « fils de chaîne (du métier à tisser) » lui avait donné son usage au sens figuré de « texte canonique (servant d'armature à une pensée intellectuelle ou religieuse) ». La notion de « saint » (*arhat)* fut rendue par celle de *zhen ren*, l'« être vrai » pleinement réalisé de l'idéal taoïste. Quant à celle d'« extinction » (*nirvana*), c'est par la formule *wu wei*, littéralement « non-agir », qu'elle fut exprimée[6]. Par la suite, les auteurs des traductions plus précises des textes bouddhistes conçurent des équivalents plus spécifiquement chinois.

佛 *Fó, le nom chinois de Bouddha*

Tout ce qui rentre en Chine doit se vêtir d'habits chinois, c'est-à-dire s'écrire avec des idéogrammes. Le nom de « Bouddha » n'échappe pas à cette règle. Il s'écrit en chinois avec un seul idéogramme : 佛. Celui-ci est formé de deux parties : à gauche, le signe général des êtres humains 亻(人 rén), marqueur des affaires humaines ; à droite, un signe ancien, 弗 fú, n'ayant plus guère aujourd'hui d'emploi autonome mais qui, en composition, garde toujours sa valeur de négation. Il représentait à l'origine des tiges végétales, par nature pas bien droites (les deux traits 丿丨), qui sont maintenues, disciplinées, par une sorte de lien (qui a pris la forme graphique du caractère « arc », 弓, ce qui n'était pas pour déplaire aux Chinois, l'arc étant le symbole même de la noblesse tant sociale que morale) ; elles sont ainsi empêchées de diverger, raison pour laquelle ce signe a pris par la suite la valeur figurée de négation. L'ensemble 佛 évoque donc un être humain grâce à qui les parties divergentes peuvent être reliées ensemble, mais aussi celui qui enseigne aux hommes l'illusion de la réalité, sa négation.

Le caractère 佛 fó semble assez éloigné de la sonorité de « Bouddha ». En fait ce caractère est couramment employé comme abréviation du binôme 佛陀* fó tuó phonétiquement plus proche.

Samsara *et* karma

Terme sanskrit signifiant « ensemble de ce qui circule », d'où « transmigration », le *samsara* désigne le cycle des existences conditionnées par le *karma*, les états de l'existence sous l'emprise de la souffrance, de l'attachement et de l'ignorance. Il fut nommé en chinois 輪 回 lún huí, binôme dans lequel le second mot a le sens de « tourner, retourner, revenir » et le premier, qui désigne au sens propre une « roue », a pour sens figuré « se succéder », avec toujours l'idée de quelque chose de grandiose, de magnifique.

Partant de l'idée que les actes (actions, paroles, pensées) produisent plus tard dans cette vie ou dans une vie future un effet, un fruit, une rétribution, la notion de *karma*, de loi de causalité karmique, sans doute à cause de la notion d'individualité qui lui est consubstantielle, était difficile à intégrer pour l'esprit chinois, culturellement porté à une conception collective. Peut-être est-ce pour cela qu'elle reçut plusieurs traductions en idéogrammes. La première

* Ce second caractère est un mot peu courant (son sens propre est « escarpement »), utilisé ici uniquement semble-t-il pour des raisons phonétiques.

et la plus générale est 業 S业 yè, mot courant dont le sens est « occupation, profession, biens, patrimoine ». Il représentait à l'origine un arbre (木, toujours visible en bas dans la forme traditionnelle) recouvert de feuillage. L'expression業海 yè hǎi, par exemple, désigne l'océan des mauvais *karma* dans lequel se trouvent plongés les êtres à cause de leurs fautes antérieures. Cependant, lorsqu'on veut insister sur la *causalité* karmique, on emploie plutôt le binômc因果 yīn guǒ, dans lequel le premier terme a strictement le sens de « cause ». Quant au second, dont le sens propre usuel est « fruit », il a aussi le sens figuré de « résultat, conséquence ».

Dharma *et* nirvana

Dans le vocabulaire bouddhiste, le *dharma* désigne l'enseignement du Bouddha et la voie pour atteindre l'éveil. C'est le second des « Trois Joyaux », après le Bouddha et avant le *sangha*, la communauté monastique. En sanskrit, la racine *dhar-* évoque les idées de tenir, de porter, de fixer. Alors que dans la tradition védique originelle on lui associe généralement la notion d'ordre, de norme universelle, les caractères choisis pour l'écrire en chinois mettent plutôt l'accent sur le but et la manière d'atteindre l'éveil. Ces deux idéogrammes sont 達 dá et 摩 mó. Le premier, 達 S达 dá, combinant le signe général de la marche avec un groupe complexe d'où émerge le signe du bélier (羊) connu pour son opiniâtreté à aller de l'avant, signifie toujours « atteindre, aller vers ». Le second, 摩 mó, est composé du signe de la main (手 shǒu) et d'un caractère (麻 má) représentant des lanières de chanvre en train de sécher suspendues à une galerie. Le chanvre rappelle ici la procédure essentielle de sa transformation de fibre végétale en fibre utilisable : le rouissage. Rouir le chanvre ou le lin consiste à en isoler les fibres textiles en en éliminant la matière gommeuse qui les soude. C'est ainsi que le caractère 摩 mó, à partir de son sens concret, « frotter », prend aussi la signification d'« encouragement, amélioration, entraînement, exercice, aiguiser ses possibilités », etc. Le *dharma* devient alors, lorsqu'il est lu en chinois, l'« exercice permettant d'atteindre » un but qui n'est pas nommé puisque au-delà de l'illusion.

À partir de sa signification originelle en sanskrit d'« extinction » d'une flamme ou d'une fièvre, le terme *nirvana* a pris le sens figuré d'« apaisement, libération ». Dans le contexte du bouddhisme, il désigne une sorte de paix absolue produite par la fin de l'ignorance, de la croyance illusoire en un ego autonome et permanent, une délivrance des agrégats d'existence (désirs, volitions, conceptions erronées) qui entraînent de renaissance en renaissance les êtres non éveillés. Cependant, le *nirvana* ne pouvant véritablement être défini que négativement, comme l'extinction d'une flamme, son écriture avec des signes issus d'images concrètes posait un délicat problème. Comment représenter un feu qui ne brûle pas, une lumière qui s'éteint ? La solution trouvée ne manque ni d'élégance ni d'efficacité. Apparemment, l'expression en trois caractères choisie pour écrire *nirvana*, 涅盤那 niè pán nà, semble s'être attachée à une simple transcription phonétique du mot sanskrit. C'est effectivement le cas pour le troisième mot (那 nà), déterminatif neutre souvent utilisé dans des transcriptions phonétiques. Ça l'est déjà un peu moins pour le second (盤 S盘 pán), dont le sens usuel actuel tourne autour des idées de bassin, assiette, plateau, etc., mais qui évoque aussi le fait d'être replié sur soi, lové, enroulé. Mais c'est surtout avec le premier idéogramme que se révèle la subtilité de ce choix ; le caractère 涅 niè a en effet pour sens propre « teindre en noir ». L'assemblage de ces trois caractères évoque donc le *nirvana* comme ce bassin matriciel dans lequel on se love pour s'y teindre en noir comme une flamme qui s'éteint.

Bodhisattva

Le mot chinois qui écrit bodhisattva, notion étrangère à la Chine, est doublement intéressant. Les Chinois sont partis de la construction indienne du mot : « ceux qui sont en puissance d'éveil ». Pour écrire *bodhi*, ils ont utilisé deux idéogrammes combinant élégamment jeu de sons et jeu de sens : 菩 提 pú tí.

Dans cette expression, le premier caractère est un très vieux mot qui désigne le figuier des pagodes. Il est vraisemblable que ce caractère ait été construit pour la circonstance. On y lit en effet, sous le signe général de tout ce qui concerne les plantes (艹), un groupe composé en bas du signe de la bouche (口) et au-dessus d'une graphie (立) qui semble représenter ce qui sort de la bouche (comme, par exemple, dans le mot 音 yīn, « son, cri »). Ce figuier des pagodes est donc une évocation du lieu où est prêché un message, celui que le Bouddha a pour la première fois énoncé à Bénarès sous un banian. De plus, ce message, bien qu'étranger, est universel, comme le suggère la proximité graphique et phonétique de cet idéogramme avec le mot fort courant 普 pǔ : « vaste, grand, universel, partout ». Le second 提 tí est, lui, un mot d'usage fort courant. Formé par l'agrégation du signe général de la main (扌, abréviation graphique usuelle de 手 shǒu, indicateur d'une action) et du caractère 是 shì, manifestant ce qui est « vrai, correct, juste », le mot, à partir de son sens concret de « tirer de bas en haut », signifie surtout « soulever une question, faire allusion, mentionner », etc. Le regroupement des deux idéogrammes 菩 pú et 提 tí, évoquant à la fois le message et son effet, convenait donc parfaitement pour écrire l'idée étrangère de *bodhi* : la « remise en cause, sous un banian ». Le suffixe *-sattva* étant un simple marqueur grammatical de futur immédiat, il n'a pas été possible aux lettrés bouddhistes de trouver d'aussi fines correspondances au niveau du sens. On s'est donc contenté d'utiliser des caractères dont la signification était rare ou obsolète et qui ne furent choisis que pour leur prononciation 薩 埵 sà duǒ. Cet ensemble complexe de deux fois deux caractères a ensuite été abrégé, comme il est courant, en prenant le deuxième de chaque groupe : 菩薩 pú sà, qui désigne d'abord les bodhisattvas puis, par métonymie, les statues qui les représentent et, de là, plus généralement toute image de déité – d'où notre mot français « poussah », apparu en 1670, avec le sens originel d'« idole bouddhique assise les jambes croisées » (*Larousse*).

Le bouddhisme en Chine et la statuaire religieuse

Catherine Bourzat[7] fait remarquer que l'une des particularités du bouddhisme pour les Chinois apparaît dans un des noms qui lui a été donné au pays des signes écrits : 像教 xiàng jiào, littéralement l'« enseignement par les images ».

Le bouddhisme originel lui-même ne connaissait pas les statues. Le Bouddha avait demandé qu'on ne fasse pas d'images de lui et il n'était figuré que par des symboles : empreintes de pieds, roue de la loi, parasol, arbre de l'éveil, trône vide, etc. C'est en passant par l'actuel Afghanistan, alors royaume gréco-indien, que le bouddhisme connut ses premières statues de l'Éveillé. De culture hellénistique, les artistes du Gandhara s'inspirèrent pour le plissé des tuniques de l'antique art grec tout en empruntant les styles de coiffure à la culture indienne. De cette rencontre insolite naquit l'art gréco-bouddhique qui, tout au long de la route de la Soie, depuis Bamiyan à l'est de Kaboul jusqu'à Longmen, tout près de Luoyang, égrena ces gigantesques statues directement taillées dans le flanc des falaises.

Catherine Bourzat ajoute que, dès lors, « une marée d'images déferla sur le pays des signes, imposant ses codes » et, pourrait-on dire, y apportant des représentations qui n'avaient même jamais été imaginées, telle celle des enfers. « À leur tour, les dieux de la religion des Chinois prirent des contours contaminés par l'éloquence de la représentation. À partir des Tang, les divinités de l'administration taoïste et de la religion populaire se matérialisèrent, imposèrent leur présence sous les formes humaines des peintures et des statues de temple. »

Le plus spectaculaire témoignage de ce flux figuratif entrant en Chine par la route caravanière se trouve dans l'oasis de Dunhuang. Là, durant six cents ans (de la fin du IIIe siècle à la fin du IXe siècle), au cœur des grottes taillées dans les falaises friables, « des générations de moines-peintres firent naître un océan d'images uniques, où se côtoient les productions les plus diverses : tant des icônes propres à soutenir la méditation que des scènes narratives destinées à l'éducation des pèlerins qui se pressaient en cette oasis prospère[8] ».

Critiques et premières persécutions

Le bouddhisme, une fois implanté en Chine, ne se priva pas de souligner sa supériorité par rapport aux enseignements antiques. On peut ainsi lire, dans un texte intitulé *Jun Shan Lun*, publié vers 433 par le moine bouddhiste Hui Lin, la critique suivante[9] :

> « Les saints sages de l'Antiquité (Confucius et Laozi) n'ont pas éclairé le chemin obscur (c'est-à-dire l'au-delà).
>
> Ils connaissaient et comprenaient les dix mille transformations, mais ils n'en viennent jamais aux transformations de la vie future. Ils ont beau exalter le "vide du cœur", ils n'en réalisent pas le "vide des phénomènes".
>
> Le vide dont parle le Saint Sage venu de l'Occident n'est pas celui dont parle Laozi. Pour Sakyamuni, les choses elles-mêmes sont vacuité. De son point de vue, la vacuité et les choses se rejoignent et ne sont pas distinctes. Pour Laozi, wú (無) et yǒu (有) sont deux réalités distinctes.
>
> Aimer les êtres, s'interdire de tuer, exalter l'altruisme, mettre son cœur en paix, faire taire ses désirs d'honneurs, favoriser la compassion, voilà ce que le bouddhisme a en plus de ce que nous ont donné les saints sages de l'Antiquité. »

En retour, taoïstes et surtout confucianistes ne se privèrent pas de rejeter sévèrement le bouddhisme comme une doctrine étrangère, c'est-à-dire barbare, dont le principe de la réincarnation était invraisemblable, dont les moines se rasaient le crâne alors que la piété filiale exigeait de maintenir son intégrité corporelle* et observaient le célibat alors que la piété filiale exigeait d'avoir une progéniture ; et puis, si vraiment le Bouddha était le plus grand maître, pourquoi ni les (mythiques) Cinq Empereurs de la haute Antiquité ni Confucius ne l'avaient-ils suivi ?

Si le bouddhisme avait emprunté des termes taoïstes pour traduire des notions indiennes, ces traductions, plutôt que de créer un amalgame, mettaient ainsi parfois en lumière des divergences fondamentales entre la pensée bouddhiste et la pensée traditionnelle chinoise. Par exemple, le choix de *wu wei* pour rendre la notion de *nirvana* conçue comme la destruction de tout attachement et comme l'extinction finale de toute existence individuelle montre la forte réticence de la mentalité chinoise à l'égard de la notion d'impersonnalité. Dans la tradition chinoise, même ceux qui deviennent immortels conservent un corps, éthéré certes, mais réel et distinct, tout comme ils conservent une identité personnelle. On peut en voir un exemple dans cette dissertation de Fan Zhen, un confucéen du Ve siècle de notre ère :

> « Le corps est la matière de l'esprit ; l'esprit est la fonction du corps. Ce ne saurait être deux choses différentes, plutôt deux noms distincts pour la seule et même entité. L'esprit est à la matière ce que le tranchant est au couteau ; le corps est à la fonction ce que le couteau est au tranchant. Le terme "tranchant" ne désigne pas le couteau ; le terme "couteau" ne désigne pas le tranchant. Et pourtant, ôtez le tranchant, il n'y a plus de couteau ; ôtez le couteau, il n'y a plus de tran-

* Traditionnellement, dans un souci taoïste d'intégrité corporelle, les Chinois ne se coupaient jamais les cheveux, les portant en un chignon plus ou moins élaboré.

chant. Or, on n'a jamais entendu dire que le tranchant subsiste après la disparition du couteau, alors comment l'esprit pourrait-il subsister quand le corps a disparu[10] ? »

Au gré d'équilibres politiques souvent fragiles, le bouddhisme fut ainsi souvent perçu comme un élément dangereusement non chinois, un « ennemi de l'intérieur ». Au début de la période des Neuf Dynasties du Sud et du Nord (420-589), alors que le bouddhisme était en pleine expansion, le royaume des Wei du Nord, fondé par le clan Tuoba, de la tribu « barbare » des Xianbei, impulsa un processus accéléré de sinisation de son peuple. Ainsi, de 446 à 450, l'empereur Tai Wu adopta comme religion officielle une variante nordiste de la voie des Maîtres Célestes fondée par Zhang Daoling. Prenant comme prétexte la découverte d'armes dans un temple bouddhiste lors de sa campagne contre des rebelles Xiongnu, il lança une grande persécution du bouddhisme : on brûla les sutras, on détruisit les temples et les stupas et on chercha à exécuter tous les moines sans distinction d'âge. On raconte que c'est vraisemblablement pour expier cette mauvaise action que l'un des successeurs de Tai Wu fit réaliser les statues des temples troglodytes de Yungang (460-525).

En 574, pendant la même période, alors que la dynastie des Zhou du Nord avait succédé aux Wei, l'empereur Wu convoqua confucéens, taoïstes et bouddhistes à un débat. Ayant déclaré vainqueurs les confucéens, il bannit, sans effusion de sang, taoïsme et bouddhisme et obligea leurs moines à retourner à la vie civile. Dans le même temps, l'empereur Wu (509-549), fondateur de la dynastie Liang, fut le premier souverain du Sud à non seulement reconnaître officiellement le bouddhisme, mais à en faire sa religion personnelle et donc, par voie de fait, quasiment la religion d'État. Prenant modèle sur le roi indien Asoka (304-232 avant notre ère), il promut activement le bouddhisme, écrivit des textes pieux, donna des conférences et fit à l'occasion exécuter des pamphlétaires confucéens qui reprenaient trop bruyamment les arguments de Fan Zhen. En un siècle, le nombre de temples bouddhistes aurait presque doublé et celui des moines presque triplé.

Un monachisme « révolutionnaire »

Cependant, de toutes les innovations apportées par le bouddhisme, la plus difficile à accepter pour les Chinois traditionalistes fut sans aucun doute l'institution qui était au cœur même de la religion bouddhique : le monachisme. De l'ensemble des règles qui définissent la vie monastique bouddhique – non-violence, pauvreté, célibat –, c'est certainement cette dernière qui provoqua le plus de réticences dans la mentalité chinoise si profondément imprégnée du culte familial et de la nécessité de la descendance. On peut en mesurer l'importance en remarquant que ce que nous appelons « *rentrer* dans les ordres » se dit en chinois « *quitter* sa famille (*chu jia*) ». Les confucéens s'étonnaient de voir des individus dans la force de l'âge renoncer aux joies et aux devoirs de la vie familiale et sociale dans le seul but d'appréhender le néant.

Lent à se développer, le mouvement monastique fut, à partir du Vᵉ siècle, présent dans toute la Chine. Des monastères fleurirent dans les grandes villes (Luoyang en comptait mille trois cent vingt-sept à l'avènement des Tang, en 618), mais aussi dans les vallées rocailleuses où aucune étendue plate ne permettait de faire pousser le riz ou même de planter des mûriers et qui, de ce fait, n'intéressaient pas plus les paysans que les percepteurs impériaux, lesquels avaient depuis longtemps renoncé à en tirer impôt. Ce dénuement ne rebutait pas les croyants qui avaient pour devoir de se nourrir d'abord du riz de l'aumône afin de se rappeler quotidiennement la modestie et la solidarité humaines. Cependant, aucune prescription n'interdisait de compléter cet ordinaire frugal en aménageant d'étroites terrasses où s'épanouissaient légumes sauvages et arbres fruitiers venus des régions d'Asie centrale ; et les habitants de la région appréciaient et respectaient bien volontiers la rigueur morale de ces hommes qui savaient si bien aménager la pauvreté et réguler leurs appétits.

Bien sûr, il existait depuis longtemps des anachorètes, des cénobites, pour employer des mots occidentaux, en fait des ascètes taoïstes qui fuyaient le brouhaha des villes pour se réfugier dans des grottes afin d'y mieux capter les flux du *dao*. Mais les monastères bouddhistes étaient bien différents de ces ermites isolés : ils étaient fondés non sur une réclusion, comme l'érémitisme taoïste ou chrétien originel, mais sur une étroite relation entre la communauté des laïcs et des religieux. Facteur décisif de leur propagation en Chine, cette particularité allait finalement être la cause de leur décadence et des persécutions qu'ils subirent.

Ainsi, le coup fut rude pour l'autorité chinoise lorsqu'au tournant du IVe siècle, le ministre Huan Xiun, s'enquérant des problèmes de préséance et de protocole, s'entendit répondre sans ambages par le moine bouddhiste Hui Yuan qu'à la différence du commun des mortels qui était naturellement tenu d'observer l'étiquette en usage à la cour, les religieux ne seraient plus pour leur part dans l'obligation de se prosterner devant l'empereur. L'affaire n'est pas secondaire : d'une seule réplique, c'est quasiment tout l'édifice du système de la « religion laïque » impériale qui était mis à bas. Par cette position, les moines bouddhistes affirmaient leur autonomie. Se refusant aux rites fondamentaux de manifestation de respect dû à la dignité impériale, rites que l'empire avait assimilés à ceux de la piété filiale, ils se posaient doublement en dehors de la société et de la famille chinoises. À l'image des antagonismes qui, en Occident, opposèrent rois et papes, cette opposition ne pourrait trouver que des solutions précaires, en fonction du rapport de force entre les deux institutions. Dans la Chine émiettée du IVe siècle, celui-ci était en faveur des communautés bouddhistes ; quelques siècles plus tard, avec le rétablissement de la puissance impériale sur l'ensemble du territoire chinois, il serait en faveur de l'institution politique ; il devait ensuite sombrer avant de se rétablir à nouveau, aux dépens du clergé bouddhiste, lors de l'avènement du néoconfucianisme.

Le Bouddha et les femmes

Le Bouddha, après que sa sœur et sa tante se furent couchées en travers de son chemin en le suppliant, avait fini par autoriser des femmes à devenir moines. Cela n'a l'air de rien, mais à l'époque, c'était proprement révolutionnaire et allait, en Chine, marquer une avancée sur le plan du respect dû aux femmes qui aurait des répercussions importantes.

C'est en effet des femmes qu'allait venir le plus grand scandale, lorsque celles-ci à leur tour s'organisèrent en communautés monastiques (rappelons que, si des femmes officiaient comme prêtresses taoïstes, elles ignoraient tout autant que leurs collègues masculins le célibat). Qu'un homme se retire du monde et refuse la procréation, bien qu'avec peine, cela pouvait encore se comprendre : la renonciation aux désirs ne passe-t-elle pas d'abord par la renonciation au désir ? Mais qu'une femme se refuse à la maternité, sa seule raison d'être aux yeux de la société d'alors, voilà qui passait l'imagination des lettrés chinois.

Les femmes, elles, voyaient très bien ce que leur apportait cette religion venue de l'étranger. « Pour la première fois depuis les deux millénaires que comptait déjà la civilisation chinoise, il leur était offert une image féminine gracieuse et compatissante. Non que dans le panthéon animiste de la Chine ancienne il n'y eût point de divinités féminines ou de déités secourables, mais celles de la vie quotidienne n'étaient guère valorisantes. Parmi les plus implorées, il y avait Zi Gu, la "Jeune Fille Pourpre" qui était surtout connue sous le nom de "déesse des Latrines" parce que, concubine d'un homme riche et ayant suscité la jalousie de l'épouse principale, elle y fut jetée par son mari et s'y noya[11]. » On connaissait aussi la « Souveraine Originelle des Nuages Irisés » (Bi Xia Yuan Jun) qui protégeait les femmes en couches, mais c'était parce qu'elle-même avait connu l'horreur de recevoir la mort en donnant la vie. « Il se produisit alors un phénomène étrange. Les femmes du peuple de Chine qui enduraient à chaque naissance des enfers de douleur et de sang crurent distinguer dans la religion nouvelle une autre divinité secourable : Avalokitesvara (Guanyin en chinois), un des principaux bodhisattvas du Mahayana. Alors que l'univers confucéen, focalisé sur le culte ancestral dont la piété filiale est la manifestation première, ne rendait à la mère que des devoirs et des marques de sollicitude, manifestant comme une sorte d'interminable paiement des bienfaits rendus pendant l'enfance, et que l'univers taoïste substituait aux femmes réelles une idéalisation de l'essence féminine du monde, Guanyin était toujours accessible. Elle ne demandait que des prières ferventes et de l'encens parfumé. À toutes celles et à tous ceux qui l'imploraient, Guanyin, qui n'excluait rien ni personne, apportait protection et espérance. Grâce à elle, la féminité dans sa valeur maternelle de protection et de recours ultime trouvait enfin sa place[12]. »

Du sort des femmes seules...

À l'inverse des femmes, les intellectuels chinois mirent très longtemps à s'apercevoir des bienfaits que leur apportaient ces institutions nouvelles. Il existait en effet un vide de taille dans le rigoureux système social conçu soi-disant par les sages de l'Antiquité et surtout codifié avec rigueur par les Han : le cas des femmes esseulées.

Il y avait d'abord celles qui, malgré les efforts des entremetteuses, étaient restées seules parce que aucun homme n'avait voulu les épouser, à cause de défauts physiques, de disgrâces morales ou bien encore de discrédits sociaux pesant sur leur famille. Bien qu'évidemment assez désagréable à vivre, cette situation n'était pas de loin la plus grave. Raillée par ses voisins, méprisée par sa famille, la jeune fille restait chez ses parents. Devenant vieille fille, elle tâchait de compenser par un dévouement exemplaire le souci qu'elle causait et de faire oublier par une piété filiale remarquable la bouche supplémentaire à nourrir qu'elle constituait.

La situation était beaucoup plus grave pour les femmes

qui avaient été mariées et qui, pour diverses raisons, ne l'étaient plus. Les malheureuses répudiées en raison de leur caractère jugé mauvais ou de la jalousie excessive d'une autre épouse, quand elles échappaient au sort funeste de la déesse des Latrines, étaient la plupart du temps rendues à leur famille d'origine comme des marchandises périmées. On imagine bien que celle-ci, outre la honte sociale qui l'accablait, ne voyait jamais d'un bon œil le retour en son sein d'un élément dont elle avait été généralement fort heureuse d'être débarrassée. Non seulement la répudiée n'avait plus de place dans sa famille, mais son retour constituait une catastrophe économique car il fallait rendre à la famille de son ex-mari une somme équivalente aux cadeaux reçus lors des fiançailles. Pis encore, la femme répudiée perdait aussi ses enfants car, sauf cas exceptionnels, ils restaient dans la famille de leur père. Dans les familles riches, le problème se posait en termes de culte ancestral : la répudiée, effacée de la lignée de son mari, ne pouvait pas cependant réintégrer celle de son père et errait entre deux descendances. Dans les familles pauvres, le problème se posait d'une manière encore plus crûment économique : quand le lopin ou l'atelier ne fournissent que chichement la portion familiale, chaque bouche compte et l'épousée avait vite été remplacée par une bru qui, tenant à préserver pitance autant que prérogatives, voyait ce retour d'un œil torve. Pour toutes ces raisons, les ruptures étaient rares et les femmes répudiées ne représentaient qu'une infime portion en comparaison d'une autre catégorie de plus malheureuses encore, et sans cesse grandissante : les veuves.

Lorsqu'elles faisaient montre d'une fidélité inébranlable au souvenir de leur mari défunt, les veuves bénéficiaient au moins de la considération générale. Aux plus méritantes d'entre elles on élevait même des « pailou », sortes d'arches ou de portiques qui ornaient les rues et servaient à l'édification de tous. Les poètes ne manquèrent jamais de s'apitoyer avec talent sur ces femmes vertueuses dont le destin était pourtant parfois très cruel, surtout quand la pauvreté les avait unies très jeunes à un riche barbon et qu'elles se retrouvaient veuves dans la fleur de l'âge. Les censeurs, toujours pour des questions de lignage ancestral, prônaient avec vigueur l'impossibilité du remariage : à qui attribuer, disaient-ils, à quel homme, à quel clan assigner dans l'au-delà une femme qui se serait mariée plusieurs fois ? Pour les hommes, la question ne se posait pas : l'épouse en titre avait sa place dans le caveau familial et le mari survivant pouvait contracter d'autres unions qui, considérées comme secondaires, n'affectaient pas l'ordonnancement des rites ancestraux.

Tout dépendait, pour le sort de la veuve, de ses maternités. Si, avant le décès de son mari, elle était devenue la mère d'un garçon, elle perdait certes un époux mais, ayant donné à la famille de son mari un héritier porteur du nom et continuateur du culte familial, elle gardait dans la famille de son défunt mari place, rang et préséance. Mais qu'elle devienne veuve sans avoir enfanté d'héritier mâle et le malheur s'abattait alors sur elle. Or cela pouvait survenir de manière particulièrement cruelle en raison de la coutume courante des mariages d'enfants, dès l'âge de six ou sept ans : l'union n'étant jamais vraiment considérée comme une affaire personnelle mais comme une alliance entre clans, il arrivait que, pour le bien des deux familles, une fille soit « mariée » dès son plus jeune âge à un garçonnet. Si le malheur voulait que le petit fiancé n'atteigne point l'âge adulte et sa petite promise, le plus souvent déjà installée chez ses futurs beaux-parents, se voyait alors reléguée au rang le plus bas, sorte de petite esclave domestique soumise aux avanies de sa belle-mère, laquelle entendait bien lui faire payer le sort injuste qui lui avait enlevé son fils chéri plutôt que cette bru stupide dont elle n'avait dès lors plus rien à faire. On cherchait à la caser ailleurs à n'importe quel prix, c'est-à-dire le plus souvent à vil prix. Triste était le sort de ces petites veuves enfants condamnées à rester stériles leur vie durant car, étant officiellement mariées, toute liaison qu'elles auraient pu contracter à l'âge adulte aurait été considérée comme adultère et le plus souvent punie de mort – non par les lois (elles n'étaient pas très claires à ce sujet) mais par la coutume qui prévalait. Les magistrats ne se mêlaient guère de ces sortes d'affaires considérées comme internes aux familles, pourvu qu'une apparence de maladie ou d'accident permette de sauver la face en déguisant ces crimes internes. Qu'on ne lise pas là le récit d'un passé depuis longtemps révolu : il y a moins d'un siècle, c'était encore pratique courante.

… à l'âge d'or des femmes chinoises

Dans cet enfer sans issue où étaient enfermées les femmes chinoises, les communautés bouddhiques faisaient percer un rayon de soleil. Dans l'enceinte d'un monastère, elles découvraient une réalité extraordinaire dont jamais personne, pas plus les taoïstes que les confucéens, ne leur avait jamais parlé auparavant, une évidence si extravagante qu'aucun sage de l'Antiquité ne l'avait jamais imaginée : elles étaient reçues pour elles-mêmes. Elles qui depuis toujours n'existaient qu'en tant que filles de leur père, femmes de leur mari, mères de leurs fils, voilà que brusquement on s'intéressait à elles en tant que personnes, qu'on prenait en considération leur salut personnel. Jamais auparavant en Chine on ne s'était adressé aux femmes de la sorte. Le Bouddha en revanche, dans ce sermon prêché vers la fin de sa vie, avait bien insisté sur le fait que chacun, y compris les femmes, pouvait atteindre l'éveil, devenir un bouddha et sortir de la souffrance. Ce sermon, le *Soutra du Lotus*[13], connut en Chine un succès extraordinaire.

Non seulement les monastères donnaient à la vie des femmes un sens personnel qui ne devait rien à personne d'autre, mais cette ouverture ne se faisait pas dans une perspective égoïste. Elle se réalisait au travers d'un accomplissement social qui profitait à tous : les œuvres de bienfaisance que le clergé bouddhiste prenait à sa charge réconciliaient les nonnes avec la société qui les avait brisées. À soulager ceux qui se trouvaient être encore plus malheureux qu'elles, transformant leur malheur en compassion, elles retrouvaient ainsi une dignité humaine et une utilité sociale que la société chinoise leur avait le plus souvent déniées.

Cette influence bienfaisante du bouddhisme se manifesta durant toute la période des Tang (VIe-IXe siècle), âge d'or pour les femmes chinoises. Jamais on ne les vit aussi heureuses. Toutes les représentations de cette époque – tableaux sur soie, fresques, statuettes funéraires, romans et récits – montrent des femmes créatives et épanouies. Aucun des plaisirs de l'époque ne leur était fermé. Elles se vêtaient avec des robes d'une somptuosité et d'un raffinement tels qu'on les croirait tirées d'actuels romans de science-fiction ; elles peignaient, composaient des poèmes, jouaient au *wei qi* (que nous connaissons sous le nom de

« jeu de go »), montaient à cheval, allaient à la chasse (avec un ocelot apprivoisé juché sur la croupe de leur monture et qui se chargeait pour elles de la partie violente et meurtrière de la chasse), jouaient au polo, dansaient, faisaient de l'acrobatie.

Qu'elles se hâtent de jouir de la vie et du corps que la nature leur avait donné, les femmes de Chine, car bientôt une grande nuit allait s'abattre sur elles, et pour de long siècles, sous la forme d'une des plus monstrueuses contraintes physiques jamais imposées à un être humain : le bandage des pieds, contemporain du réactionnaire néo-confucianisme.

L'apogée du bouddhisme sous les Tang

Il fallut attendre la dynastie des Tang, héritière d'une Chine réunifiée par les Sui, pour que le bouddhisme connaisse son apogée. C'est à cette époque que le moine Xuanzang du Henan (602-664), entré dès sa plus tendre enfance au monastère, partit à vingt-cinq ans en Inde pour « quêter la véritable loi » après avoir constaté des incohérences dans les textes canoniques chinois à sa disposition. Quand il revint dix-neuf ans plus tard à la capitale Chang'An (l'actuelle Xi'an), il était chargé de six cent cinquante-sept rouleaux de livres canoniques, copiés directement sur les originaux, ainsi que d'un journal de son voyage et de son séjour en Inde qui constituent des témoignages uniques. L'empereur Taizong lui fit alors aménager la grande pagode de l'Oie Sauvage pour abriter les précieux sutras et permettre à Xuanzang d'y entreprendre l'étude et la traduction de son précieux fardeau. Cet épisode, perçu comme un moment fondateur, servit sous les Ming d'inspiration à l'un des romans chinois les plus populaires, *La Pérégrination vers l'ouest* ou *Le Roi Singe*. Quelques décennies plus tard, l'empereur Xuanzong (qui régna de 712 à 756) invita à la cour de nombreux érudits bouddhistes, ainsi que taoïstes. Son règne fut l'emblème du bouddhisme triomphant à la cour impériale.

Les grandes figures du panthéon bouddhique chinois

Le panthéon bouddhique, issu du mariage de la profusion indienne avec la bureaucratie chinoise, présente certaines complexités. Il est ordonné par une hiérarchie complexe fondée sur l'appréciation de la « nature de Bouddha » de chacun de ses représentants, c'est-à-dire sur son degré de réalisation spirituelle.

Dans l'optique du Mahayana, Sakyamuni, le Bouddha historique, n'est pas un personnage unique, mais une incarnation passagère. Démultipliée dans le temps et dans l'espace, elle se décline sous un grand nombre de formes différentes. La plus importante, celle qui est majoritairement représentée dans la grand-salle des temples, est la triade constituée par les trois bouddhas : un des bouddhas du passé, le bouddha du présent (Sakyamuni) et le bouddha du futur (Maitreya), généralement mise en relation avec les Trois Joyaux de la doctrine. La faveur particulière dont ce groupe jouit en Chine tient, entre autres, au fait que la triade est une construction intellectuelle à laquelle l'esprit chinois est habitué depuis très longtemps, comme en témoignent les Trois Purifiants du taoïsme religieux.

Maitreya et Budai

Personnage important et familier du bouddhisme chinois, l'image de Maitreya, en plus de figurer parmi les trois grands bouddhas de la salle principale, se retrouve dans la salle d'entrée de chaque temple sous une forme bien particulière et particulièrement chinoise : il s'agit du célèbre « bouddha rieur », ce personnage obèse au visage épanoui par un bon rire jovial, symbole de la paix avec soi-même. Bouddha du futur, il est l'incarnation de l'amour universel qui régnera sur terre quand tous les problèmes du monde humain auront été résolus. À l'époque où l'image de ce personnage a été forgée, l'un des problèmes majeurs, récurrents jusque fort récemment dans l'histoire de la Chine, était la famine ; c'est pourquoi ce personnage est représenté avec un ventre rebondi.

Maitreya est son nom sanskrit. Les Chinois l'appellent Milefo (彌勒佛 mí lè fó). Parmi les trois caractères de ce nom, le premier, 彌 S弥 mí, a comme souvent une fonction à la fois phonétique – rappelant la première syllabe de « Maitreya » – et sémantique, puisqu'il signifie « remplir », « plein », « se répandre », « universel », « partout », etc., ce qui est bien en rapport autant avec l'avenante bedaine du personnage – manifestation de bien-être – qu'avec la promesse d'un avenir radieux qu'il symbolise. Le second caractère de son nom, 勒 lè, dont le sens propre est « bride, tenir, contenir », signifie que cette ère de bonheur joyeux n'est pas encore advenue, qu'elle est, hélas, encore à venir. Le troisième caractère, 佛 fó, est la dénomination de « bouddha », on l'a vu. Sa venue doit inaugurer une ère de félicité sur terre et sa figure a cristallisé beaucoup de mouvements messianiques qui sont apparus en Chine tout au long des dynasties finissantes.

Maitreya est souvent associé ou confondu avec Budai, autre personnage du panthéon bouddhiste dont le nom en chinois est 布袋 bù dài, littéralement « sac de toile ». Il s'agit d'un moine excentrique comme le bouddhisme chan en a enfanté beaucoup, qui aurait vécu au début du Xe siècle de notre ère. Connu comme faiseur de miracles, il ne faisait que passer partout où il allait, portant toujours un baluchon de toile sur son dos, d'où son nom. À sa mort cependant, sa véritable identité apparut : Budai était une réincarnation de Maitreya. Dès lors, il fut l'objet d'une véritable dévotion de la part du peuple chinois. Bien qu'il soit représenté avec un ventre aussi rond que celui du Bouddha rieur, on le reconnaît surtout à la volée d'enfants (cinq ou neuf) qui s'amusent autour de lui.

Guanyin

Guanyin figure parmi les géants de la compassion. En Inde, il s'agissait d'un bodhisattva appelé Avalokitesvara, dont le nom signifiait déjà « Celui qui regarde d'en haut avec compassion ». En Asie du Sud et au Tibet, il est un personnage masculin, mais il change de sexe en Chine où l'on n'en trouve plus aucune représentation masculine à partir du XIVe siècle, à l'époque de la restauration des Ming ; cela fait alors longtemps que les femmes chinoises l'ont adopté.

Le nom qui lui a été donné en Chine, 觀音 guān yīn, est particulier dans la mesure où, à l'inverse des noms d'autres « héros » bouddhiques, il témoigne d'une complète acculturation dont nous avons vu l'importance pour les femmes chinoises. Il n'a pas été construit à partir d'approximations phonétiques sans considération de sens, ni à partir de savantes recherches pour trouver des idéogrammes qui, tout en respectant du mieux possible son nom d'origine, essaieraient de rendre compte de la fonction dont le personnage en question est investi. Le nom de ce bodhisattva est entièrement chinois et prend même ses racines dans ce qu'il y a de plus chinois dans la tradition chinoise : le *Yi Jing*.

Le premier caractère de ce nom, 觀 S观 guān, est en effet le nom du vingtième hexagramme du *Yi Jing*, position en elle-même déjà signifiante puisque, dans la symbolique chinoise, le vingt, compris comme le produit de dix (signe de la totalité) par deux (emblème du yin), évoque une force yin d'aide qui se développe partout, laquelle se retrouve dans les représentations de Guanyin aux mille bras. Le nom de cet hexagramme, « REGARDER », est écrit avec un idéogramme qui décrit le regard de la chouette, laquelle est, dans l'imaginaire chinois, l'animal qui sait voir quand plus personne ne peut voir. Voir, ou plutôt *percevoir*, car il n'est pas ici question de vision, mais de sons, comme l'indique le second idéogramme : 音yīn signifie aussi bien les sons ou la musique que les cris, et c'est justement pour ce sens-là qu'il se retrouve dans le nom de ce bodhisattva capable de percevoir les cris de douleur, même étouffés.

On invoque Guanyin par des prières verbales, ce qui n'a rien à voir avec l'invocation littérale ou plutôt idéographique des esprits comme on voit toujours le chamanisme chinois le pratiquer, par exemple en s'adressant à Fuxi sur son tombeau à Huaiyang. Il est intéressant de noter le changement profond que cela marque dans l'univers chinois. Alors que depuis plus de deux mille ans la communication avec l'invisible se faisait à partir de signes muets, indifférents à la sonorisation[14] – tel était, à l'origine, le rôle des fendillements provoqués par le feu sur les os sacrificiels qui sont à l'origine des idéogrammes chinois[15] –, voilà qu'avec cette religion indo-européenne apparaît le pouvoir de la parole avec des humains qui « crient » vers les boddhisattvas, puis avec la récitation psalmodiée des textes sacrés censée apporter consolations et surtout mérites. Cette idée sera récupérée par les taoïstes.

Le grand sanctuaire de Guanyin se trouve dans l'île de Putuo shan, à quelques encablures de Shanghai dans la mer de Chine. La légende raconte qu'à l'époque des Tang, un moine japonais du nom de Hui E (Sui Gaku) revenait en son pays avec une statuette de Guanyin provenant des monts Wutai shan. Forcé par une tempête de s'arrêter sur cette île, il considéra cet aléa climatique comme manifestant la volonté de Guanyin de s'y installer, et y fonda le premier des nombreux temples qui la parsèment aujourd'hui, la « résidence de Guanyin refusant de partir ». Devenu un haut lieu de pèlerinage à partir du Xe siècle, l'île a compté jusqu'à trois mille bonzes et religieuses répartis dans quatre-vingt-huit temples.

Amitabha ou Amituo

Représentant d'une tendance Mahayana appelée « bouddhisme de la Terre Pure », le bouddha Amitabha est l'un des personnages parmi les plus populaires chez les Chinois. Le bouddhisme de la Terre Pure explique en substance que s'il est très difficile d'atteindre l'éveil en ce monde, il est plus facile de se réincarner dans un monde parallèle, une sorte de paradis appelé « Terre Pure » dans lequel on pourra travailler sereinement à son salut. Amitabha, en particulier, aurait fait vœu d'accueillir en son « paradis » tous les humains qui feraient appel à son intercession en psalmodiant son nom. Son culte a inspiré et inspire toujours une piété intense en Chine. Que le « paradis » de la Terre Pure d'Amitabha soit situé à l'ouest semblait tout à fait naturel aux Chinois, qui avaient toujours associé au couchant, selon les principes du feng shui, le royaume des défunts. Le nom chinois d'Amitabha, si souvent psalmodié, si souvent écrit sur les piliers des temples, est 阿彌陀佛 ē mí tuó fó, qui a essentiellement une valeur phonétique. L'explication de ce choix plus phonétique que sémiotique est sans doute à mettre en relation avec la valeur salvatrice attribuée justement à la psalmodie du nom de ce bouddha.

Outre ces trois figures majeures de Maitreya, Guanyin et Amitabha, les Chinois révèrent de très nombreux autres personnages bouddhiques.

Manjusri et le mont Wutai

Parfois décrit comme un bodhisattva ordinaire, un ancien brahmane devenu compagnon de Bouddha, Manjusri est décrit dans certains sutras comme enseignant le *dharma* à tous les bodhisattvas, voire comme un bouddha lui-même qui en serait à son troisième avatar. Dans de nombreux sutras où les subtilités philosophiques et métaphysiques sont présentées sous forme de débats entre plusieurs bodhisattvas, Manjusri est toujours celui qui emporte l'adhésion. Il incarne une des quatre qualités nécessaires pour atteindre l'illumination, la grande intelligence de la sagesse – les trois autres étant la grande compassion représentée par Guanyin, le grand vœu représenté par Dizang et la grande pratique représentée par Puxian. On considère quelquefois que, comme Dizang, il a été désigné par le Bouddha comme secours des âmes pendant l'« âge sans bouddhas » (未法 wéi fǎ, littéralement « sans Loi »), ère de désordre et de désolation qui précède l'avènement de Maitreya. Il forme souvent une triade avec le Bouddha historique au centre, Puxian à gauche et lui à droite. Il a pour attributs, au-dessus de chaque épaule, une épée et un livre et est le plus souvent représenté chevauchant un lion bleu.

Le culte de Manjusri est très important en Chine. Comme son nom en sanskrit combine les mots *manju* (subtil, extraordinaire) et *sri* (tête, vertu, bon augure), il est parfois appelé en chinois 妙首 miào shǒu (tête merveilleuse), 妙德 miào dé (vertu merveilleuse) ou bien encore 妙吉祥 miào jí xiáng (merveilleux talisman de bon augure). Cependant, son nom le plus usuel est le bodhisattva Wenshu, ce dernier mot étant l'abréviation de la transcription phonétique complète de son nom 文殊師利 wén shū shī lì, littéralement le « très raffiné maître du favorable ».

À partir des dynasties du Nord et du Sud (420-579), son culte s'est particulièrement développé sur le mont Wutai (五臺山 wǔ tái shān), la montagne aux Cinq Terrasses où fut érigé le premier monastère après le temple du Cheval Blanc, un an après, et qui est resté l'un des quatre grands pèlerinages bouddhistes d'Asie : on y venait d'Inde, d'Indonésie, du Cambodge ou encore du Japon. Par ailleurs, Wutai shan étant le grand centre des premières écoles tantriques chinoises, cela a amené Manjusri à jouer un rôle dans la légende des débuts de la dynastie des Qing (1644-1911) qui a souvent favorisé le bouddhisme tantrique. On raconte en effet que Nurhachi (1559-1626), son fondateur, lorsqu'il n'était encore que le souverain des Jürchen, imposa à son peuple le nom de « Mandchous » car il se considérait comme la réincarnation de Manjusri.

Puxian et le mont Emei

Puxian est le quatrième des grands bodhisattvas. Comme son nom sanskrit, Samantabhadra, peut signifier « tout excellent » ou « tout vertueux », il est honoré en chinois sous l'appellation de « bodhisattva Puxian », les deux caractères de son nom signifiant littéralement « vaste (普 pú) sage éminent (賢 xián) ». Puxian joue un grand rôle de protecteur, basé sur la promesse qu'il aurait faite au Bouddha de venir instantanément au secours de ceux qui l'appelleront, quelle que soit la distance.

Puxian, qui prend parfois une apparence féminine en raison de son aura salvatrice, est le plus souvent représenté assis sur un éléphant blanc à six défenses, symbole de solidité, dont chaque patte repose sur un lotus. Comme Manjusri, il joue un rôle de premier plan dans le monde du Bouddha primordial. Ayant préséance sur tous les autres bodhisattvas, Manjusri et Puxian sont souvent représentés à droite et à gauche du Bouddha. Une tenace croyance populaire fait se réincarner Manjusri et Puxian dans le corps de deux orphelins, élevés ensemble dans un monastère, qui deviendront des moines célèbres et des amis inséparables : Shide et Hanshan.

Le grand lieu de pèlerinage auprès de Puxian est le mont Emei, littéralement la « montagne majestueuse comme un sourcil », situé sur les contreforts de l'Himalaya, dans la province du Sichuan. Le plus grand des temples consacrés à Puxian, le temple Wan Nian Si (temple des Dix Mille Années), initialement construit en 269, a été rebâti sous les Ming et présente aujourd'hui une structure de pure facture indienne, c'est-à-dire en brique et non en bois comme les temples chinois. À l'intérieur se trouve une statue en bronze de Puxian sur son éléphant, assemblée en 960. On dit que, par un petit trou aménagé dans le dôme qui recouvre l'édifice, deux fois l'an au petit jour, un rayon de soleil vient éclairer le front de la statue. Entouré par un vaste jardin que les moines entretiennent avec soin, ce temple est un lieu qui redevient magique lorsque les colonnes de touristes chinois l'abandonnent pour regagner leurs hôtels, car il est possible d'y dormir dans des chambres d'hôtes frugales aménagées par les moines.

La surprenante beauté de la série des pics montagneux d'Emei shan n'avait pas échappé aux taoïstes, experts en sites grandioses. Ils furent les premiers à s'y installer et à y bâtir de nombreux sanctuaires. Certains existent toujours et, tout en changeant d'obédience, ils ont conservé leur nom, tel le temple à la Protection du Pays (bào guó sì), le premier construit sur la montagne.

Le point culminant d'Emei shan est le temple du Sommet Doré, ainsi appelé car son toit est entièrement recouvert de plaques de bronze doré (détruit par un incendie en 1880, il a été récemment reconstruit). Culminant au bout d'une falaise abrupte à 3 070 mètres, l'endroit, célèbre par la mer de nuages qui vient affleurer le sanctuaire posé comme une jetée dans le ciel, a acquis une renommée universelle dans toute la Chine à cause du phénomène dit de la « lumière de Bouddha ». Il s'agit d'un phénomène de réfraction qui se produit au début de l'après-midi lorsque le soleil évolue au-dessus des nuages. Il arrive alors que le spectateur voie, sur les nuages en contrebas, l'ombre de sa propre image au milieu d'un halo de lumière, en fait un arc-en-ciel miniature dû à la réfraction des rayons du soleil sur les nuages. Autrefois, les pèlerins, croyant que Bouddha les appelait, n'hésitaient pas à sauter dans le vide de la falaise qui entoure le temple… Aujourd'hui, l'espoir d'assister à ce phénomène, somme toute assez grandiose, guide toujours nombre de visiteurs.

Dizang

Bien qu'il trouve son origine dans un texte sanskrit, le *Sutra des Grands Vœux du bodhisattva Ksitigarbha* (« Celui qui recèle la terre »), le bodhisattva Dizang est un personnage profondément chinois. Son nom chinois, 地藏 dì zàng, littéralement « Enfoui en terre », est la traduction de son nom sanskrit. Ses trésors « enfouis » sont ses vertus : une mansuétude infinie, une générosité sans limites, une solidité inébranlable. Il est le bodhisattva qui se porte au secours des âmes perdues aux enfers et auquel le Bouddha Sakyamuni a confié de veiller sur la destinée des hommes jusqu'à l'avènement de Maitreya. Il est particulièrement vénéré au mont Jiuhua où on le surnomme Jin Dizang, le « Dizang d'Or ».

Au VIIIe siècle vint s'établir au mont Jiuhua un moine coréen, Kim Gio-Giak (en chinois Jin Qiaojue), apparenté à la famille d'un roi toungouse, ce peuple ancêtre des Mandchous connu aussi sous le nom de Jürchen. Il vécut là cinquante ans dans une hutte en argile avant de suivre un régime diététique devant mener à son automomification. Trois ans après sa mort, survenue en 766, on ouvrit son cercueil pour exposer sa momie. En manipulant le corps, on se rendit compte qu'il émettait un bruit métallique, pareil à celui du bourdon de pèlerin de Dizang. Comme son nom s'écrivait en chinois avec le caractère du métal en général et de l'or en particulier (金 jīn), naquit la certitude que Kim Gio-Giak était la réincarnation de Jin Dizang, le « Dizang d'Or », auquel le site de Jiuhua fut alors consacré, devenant un des plus grands pèlerinages de Chine.

Comme toujours dans l'imagerie chinoise, un personnage principal n'est jamais représenté seul, mais toujours flanqué de deux acolytes, comme il se doit d'un personnage important. L'imagerie bouddhique suit cet usage : au mont Jiuhua, Jin Dizang est représenté entre un personnage barbu vêtu d'une robe et coiffé du bonnet de gaze des lettrés, et un jeune moine tenant la canne des pèlerins. Le premier est, dit-on, un lettré appelé Wu Jiai qui fut jadis converti par Kim Gio-Giak et devint son disciple. Mais l'imagination chinoise préfère voir en lui une figuration du grand poète taoïste Li Bai qui mourut noyé dans le Yangzi en 762. On dit en effet que son esprit serait venu en aide à Kim Gio-Giak alors que celui-ci, justement en route vers Jiuhua, aurait été en difficulté lors de la traversée de ce large fleuve.

Quant au jeune moine, il s'agit de Mulan (Maudgalyayana en sanskrit), un des premiers disciples du Bouddha historique. Ayant à accompagner son maître dans une de ses pérégrinations, il avait confié de l'argent à sa mère pour qu'elle puisse pratiquer l'aumône en son nom en son absence. Mais sa mère, au lieu de donner l'argent, préféra le dépenser pour elle, péché d'avarice qui, à sa mort, la conduisit aux enfers. Apprenant cela, Mulan, à force de prières et de supplications, obtint du Bouddha un bourdon magique grâce auquel il lui était possible de s'aventurer dans le monde des enfers et de se rendre devant Yama, le juge suprême des enfers bouddhistes. Ce dernier autorisa Mulan à parcourir les différentes régions du monde des enfers où il finit par retrouver sa mère en proie à d'horribles supplices. Après bien des tribulations, il parvint à la sauver et à conduire son âme au paradis.

Les deux personnages qui entourent Dizang confirment bien son rapport avec le monde des morts, tout comme l'étrange procédure d'automomification dont le moine Kim Gio-Giak avait lancé la tradition et qui s'est poursuivie jusqu'à fort récemment.

Bien que particulièrement suivie à Jiuhua shan, la pratique de l'automomification s'est développée en Chine à partir du IVe siècle de notre ère dans le cadre du culte de Maitreya, le bouddha du futur. L'idée est de se préparer au retour de Maitreya en gardant son corps le plus intact possible à travers un processus qui peut durer cinq ans. Durant cette période, l'adepte s'engage dans une ascèse alimentaire au cours de laquelle il réduit puis s'abstient complètement de la consommation des « cinq céréales » : riz, blé, soja et deux variétés de millet. Celles-ci sont progressivement remplacées par le régime « fruits et herbes » (sarrasin, haricots, patates douces, légumes verts et fruits divers), puis les légumineuses sont à leur tour supprimées. Commence alors la préparation finale : un jeûne progressif qui se conclut par la seule consommation d'une cuillerée d'eau, laquelle achève de purifier le corps de toute matière fécale en corruption. La mort survient alors doucement, comme une bougie qui s'éteint par manque de combustible. Après cette échéance, les disciples parachèvent le processus en enterrant provisoirement le corps dans une fosse étanche. Au bout de trois ans, le corps est ressorti pour être séché à l'air et à la fumée des encens qui brûlent dans le temple. Lorsque le corps est devenu parfaitement sec, on assure sa conservation définitive en l'entourant de bandelettes de toile enduites de laque. La momie, richement habillée, est ensuite exposée dans une châsse à la vénération des fidèles.

Le procédé s'est poursuivi sans interruption jusqu'au début des années 1950. Comme la photographie avait été inventée entre-temps, on pouvait voir au mont Jiuhua des photographies d'automomifiés, prises de leur vivant, placées devant la châsse où ils étaient toujours exposés : lorsqu'on levait les yeux vers leur momie, on les reconnaissait ! Au moment de la Révolution culturelle, les gardes rouges sont montés à l'assaut de Jiuhua shan pour, comme partout ailleurs, y détruire ces « vieilleries du passé féodal ». Prévenus à l'avance, les moines ont pu sauver quelques-unes des momies en les cachant dans d'énormes jarres en porcelaine, bouchées et placées dans de grands trous recouverts de terre au-dessus desquels on transplanta des haricots, comme pour montrer que les moines ne vivaient pas en parasites du peuple mais assuraient eux-mêmes leur propre subsistance.

Les luohan

Si le bouddhisme Mahayana révère avant tout les bodhisattvas, elle n'ignore pas non plus les *arhat*, ces disciples du Bouddha qui, dans la tradition originelle (Theravada), ont rempli de leur vivant toutes les conditions pour, après leur mort, échapper au cycle des réincarnations et atteindre le *nirvana*. Appelés en chinois *luohan* (羅漢 S罗汉luó hàn), qu'on pourrait traduire par « héros de l'éveil », ils sont un peu les saints de la tradition Hinayana. Ils sont divisés en deux cercles.

Le premier, le plus proche du Bouddha, en compte seize ou parfois dix-huit. Dans les temples bouddhistes, ces dix-huit *luohan* sont souvent présentés en deux rangées de neuf statues disposées latéralement de part et d'autre des statues des trois Bouddhas du passé, du présent et du futur qui trônent derrière le maître-autel. Comportant chacun une histoire, un symbole et une personnalité, on pourrait dire qu'ils correspondent un peu aux Huit Immortels du culte taoïste populaire. Un second cercle de disciples, plus élargi, comprend les Cinq Cents Luohans. Il évoque les premiers conciles bouddhistes où, après la disparition du Bouddha historique, cinq cents de ses meilleurs disciples se réunirent pour fixer la doctrine. L'évocation de ces conciles, qui rappelle la manière dont ont été rassemblés les *Entretiens* de Confucius par ses proches disciples, plaît beaucoup aux Chinois. On trouve ainsi de nombreuses représentations des Cinq Cents Luohans en Chine, notamment à Pékin et au mont Jiuhua.

Ces représentations constituent de véritables chefs-d'œuvre de statuaire : chacun des Cinq Cents Luohans est représenté différemment des autres, en fonction des traits saillants de sa vie, réelle ou légendaire quand elle est connue, ou bien laissée à l'imagination des sculpteurs. Cette énorme variété de visages et d'attitudes a généré parmi les Chinois une amusante pratique : le jour de son anniversaire, on se rend dans un temple qui dispose de statues des Cinq Cent Luohans, on déambule dans le bâtiment où les effigies sont regroupées, puis on en choisit une « au hasard »; ensuite il ne reste plus qu'à compter (vers la gauche) autant de statues que le nombre d'années que l'on vient d'atteindre pour finalement se trouver face à une statue particulière qui a le don de vous donner, selon la configuration de son allure, une idée de l'année que l'on va vivre.

Le chan

La forme la plus authentiquement chinoise du bouddhisme est le chan (autrefois écrit ch'an, plus connu sous son nom japonais de zen), né au VIe siècle sous l'impulsion de Bodhidharma. D'après les récits légendaires, Bodhidharma (env. 470-env. 543) était le fils d'un roi de l'Inde du Sud qui avait choisi la voie religieuse. Après s'être embarqué pour la Chine, il arriva vers 520 de notre ère à Nankin, où il fut reçu par le roi Wu, fervent bouddhiste et fondateur de la dynastie des Liang du Sud. Mais devant la mine désolée de l'empereur décontenancé par ses réponses sibyllines, Bodhidharma repartit, traversa le Yangzi debout sur une tige de riz et arriva finalement au lieu-dit « Petite Forêt » (en chinois shào lín 少林), où un monastère avait été fondé en 495 (dynastie des Wei du Nord) par un moine indien appelé Buddhabhadra (en chinois Batuo). Bodhidharma s'y installa et décida de mettre en pratique ses idées : tourner le dos au monde, retourner son regard vers son intériorité et y chercher sans faiblir la voie juste. Pour atteindre ce but ultime et se préserver de toute distraction éventuelle en chemin, il s'assit en méditation devant un mur entièrement nu et demeura ainsi neuf ans durant, période au bout de laquelle il connut l'éveil et commença d'enseigner, devenant officiellement le patriarche fondateur de la branche chinoise du chan.

Produit de la rencontre entre la rigueur confucéenne et l'absolu bouddhiste, le chan apportait aux intellectuels une solution philosophiquement satisfaisante au lancinant problème de la mort en la faisant apparaître comme une libération de l'infernal enchaînement des passions et des douleurs. La paix suprême, illusoire sur terre, pouvait s'atteindre en abolissant tous ses désirs et l'entrée dans le *nirvana* s'effectuait au terme d'un long parcours spirituel scandé par des réincarnations multiples. Les lettrés les plus épris d'absolu pouvaient même tenter dès cette vie l'accès à l'illumination et à la délivrance suprême.

Le mot chán (禪 S禅), traduction du terme indien *dhyana*, « méditation », s'écrit avec un idéogramme qui mérite qu'on s'y arrête. Il est formé de deux éléments : le signe général des affaires spirituelles (礻) et, à droite, un groupe complexe, 單, qui évoque à la fois le combat et la faiblesse. Ce groupe est lui-même composé de deux éléments : la partie basse représente une antique fourche paysanne, tandis que le double carré du haut représente une multitude de bouches, celles des paysans chinois enrôlés dans l'armée qui montent à l'assaut en vociférant pour se donner le courage qui leur manque, car la seule arme dont ils disposent, leur pauvre fourche justement, est bien faible face à celle des soldats de l'armée adverse. Ensemble, les deux parties du caractère 禪 chán donnent une belle évocation de l'objectif moral que se fixe le chan : le constant combat spirituel contre la faiblesse.

Chan et cha

Imaginerait-on la Chine sans le thé ? Et pourtant, elle passa plus de deux millénaires sans même imaginer son existence. On peut en effet affirmer qu'à la fin du Ier siècle de notre ère, le thé était inconnu en Chine, et ce pour une raison simple : il n'y avait pas d'idéogramme pour le nommer. En effet, dans le premier grand dictionnaire étymologique de dix mille idéogrammes que le grand lettré Xu Shen compila à cette époque, le caractère « thé » (茶 *cha*) ne figure pas ! Il faut donc en conclure qu'à la fin du Ier siècle, on ne buvait pas de thé en Chine, même si la feuille de théier pouvait connaître d'autres usages. Par contre, on buvait diverses boissons fermentées : moult « vins » de fruits (et, entre autres, de raisin) et alcools de grains, en particulier de sorgho, comme le *baiju* – dont le plus célèbre, le *maotai*, est une boisson que les Russes trouvent… forte !

Le thé est donc arrivé en Chine avec les missionnaires bouddhistes venant d'Asie centrale. Il s'y est rapidement implanté, d'abord dans la province méridionale du Sichuan et ensuite dans les provinces méridionales du sud du fleuve Yangzi, jusqu'aux régions maritimes du Fujian. Ce n'est que vers le VIe siècle que s'imposa la consommation de thé pur, et cela, selon toute vraisemblance, sous l'influence du bouddhisme et en particulier de la méditation. En effet, une des légendes de la naissance du thé met en scène… Bodhidharma ! Durant sa veille de neuf ans devant un mur du temple de Shaolin, il s'endormit un jour profondément. À son réveil, fort contrarié par ce manquement, afin de rester constamment sans dormir sur la route de l'éveil, il se coupa les paupières et les jeta au loin : celles-ci tombèrent alors dans un bol d'eau chaude et y devinrent des feuilles de thé. Comme toutes les légendes chinoises, celle-ci dit parfaitement la vérité sous une forme extravagante : le thé est arrivé avec le bouddhisme et sa consommation par infusion est liée à l'origine aux techniques de méditation développées par le chan.

La consommation du thé s'est donc développée avec le renouveau chinois de l'époque des Sui et surtout des Tang. Il représentait pour les bouddhistes un avantage supplémentaire, leur permettant en même temps de renoncer aux boissons alcoolisées, interdites par la règle mais surtout, dans l'esprit chinois, indissolublement associées au culte des ancêtres, comme en témoignent les extraordinaires vases et coupes à « vin » en bronze que nous a livrés l'archéologie.

Les arts martiaux du monastère de Shaolin

Le thé n'est pas la seule chose que Bodhidharma ait apportée avec lui. Une autre légende dit que, ayant trouvé les moines dans un état physique épouvantable, il développa pour eux des exercices destinés à les renforcer dans leur pratique spirituelle et à leur permettre de se défendre contre les animaux sauvages et les brigands. Telle serait l'origine d'une célèbre technique de combat : la boxe à mains nues de Shaolin. Si cette paternité peut raisonnablement être mise en doute, elle témoigne du souvenir de techniques de combat originaires du Kerala, en Inde du Sud, qui seraient arrivées en Chine avec le bouddhisme vers le Ve ou le VIe siècle.

Dès l'époque de la dynastie Sui (581-618), les moines de Shaolin maîtrisaient le combat sans armes et, depuis lors, ils ne cessèrent de le perfectionner. Il leur fallait en effet résoudre la contradiction entre l'impératif bouddhiste de ne pas tuer et le fait qu'à cette époque, le pouvoir central étant encore flageolant en Chine, les chemins n'étaient pas très sûrs. Les moines, se déplaçant d'un monastère à l'autre ou simplement mendiant leur nourriture à l'extérieur, se virent ainsi contraints de développer des techniques d'autodéfense à mains nues, voire avec le bâton de pèlerin. Ces techniques se marièrent naturellement aux divers exercices physiques de fortification et de contrôle des muscles et du souffle destinés à permettre aux moines de tenir lors des longues séances de méditation.

Par la suite, ces moines ayant des compétences de combattants furent associés à tous les mouvements de révolte qui émaillèrent l'histoire chinoise, que ce soit aux côtés du pouvoir ou à ceux des insurgés. Leur participation la plus connue à l'histoire de Chine, celle qui est véritablement à l'origine de leur succès, se situe vers 620. En ces années-là, la dynastie Sui s'effondrait, se disloquant en de multiples principautés rebelles, tandis que la dynastie Tang montante tentait d'unifier le pays sous sa férule. Li Shimin, futur second souverain des Tang qui devait ouvrir la grande période de cette dynastie, se trouva un moment fort en difficulté, assiégé par une troupe ennemie dans la ville de Luoyang (à soixante-dix kilomètres de Shaolin). Il fut tiré de ce mauvais pas par un détachement de moines combattants venus à son secours, qui mirent en fuite les assiégeants. Devenu empereur sous le nom de Taizong, Li Shimin n'oublia pas cet épisode et combla le temple de bienfaits. Les exploits de treize de ces moines combattants sont représentés sur une grande fresque à l'intérieur du temple.

La grande persécution de 845 et le déclin du bouddhisme

L'âge d'or des Tang, s'il a fixé durablement bien des caractères si particuliers du bouddhisme chinois, ne pouvait pas durer politiquement. La réaction ne se fit pas attendre (à l'échelle chinoise, bien entendu). En 845, l'empereur Wuzong, fervent taoïste encouragé par l'administration confucianiste, lança ce qui est resté dans les mémoires comme la « Grande Persécution » contre le bouddhisme, qu'il percevait comme une menace étrangère et dont il convoitait les richesses accumulées. Il en interdit la pratique, fit détruire quatre mille six cents temples et contraignit plus de deux cent soixante mille moines et moniales à retourner à la vie civile. Surtout, sept cents millions d'hectares de terres cultivées furent saisies et revinrent à l'État. Brutale, la persécution ne dura pas : deux ans après qu'elle eut été lancée, Wuzong mourut et son successeur leva la plupart des édits. Le bouddhisme, profondément ancré dans les mœurs, retrouva rapidement sa vigueur et son expansion, mais plus jamais il ne conclurait d'alliance avec le pouvoir. Les persécutions par les empereurs Tai Wu des Wei, Wu des Zhou du Nord et Wuzong des Tang sont connues dans l'histoire du bouddhisme chinois comme les « Trois Désastres de Wu ».

Le concordat durant la dynastie des Song

Comme il advient de toutes les dynasties chinoises, la dynastie Tang, minée par les difficultés intérieures, s'écroula au début du Xe siècle et la Chine plongea de nouveau dans l'anarchie et la dislocation. Cependant, à la différence de la chute des Han, cette période intermédiaire fut de courte durée : une cinquantaine d'années plus tard, un général à poigne réunifia l'empire à son profit, instaurant la double dynastie des Song (les Song du Nord, souverains sur l'ensemble de la Chine de 960 à 1126, et les Song du Sud ne contrôlant que la moitié méridionale du pays de 1127 jusqu'à l'invasion mongole en 1279). Chacun pansant ses plaies, pouvoir politique et clergé bouddhiste trouvèrent un terrain d'entente : les moines acceptaient de prier pour le succès de la dynastie régnante et, en retour, les souverains se contentaient de marques de respect formelles de la part du clergé bouddhiste.

Avec le néoconfucianisme, les Song avaient, on l'a vu, l'ambition de parvenir à une réunification idéologique sur la base d'une relecture des textes confucéens, quitte à l'occasion à les « corriger » : Zhu Xi, par exemple, n'hésitait pas à déclarer impropre le texte canonique d'un hexagramme du *Yi Jing* de manière à ce qu'il puisse être accepté aussi par les bouddhistes*. Globalement, à cette époque, la tendance au syncrétisme entre les trois enseignements se développa. Pour le bouddhisme, cette tendance allait de pair avec une laïcisation accrue ; en même temps qu'elle

* Par exemple en dénaturant la signification du 6e trait de l'hexagramme 53, « PROGRESSER PAS À PAS », de manière à ce que cette progression concorde avec l'idée indienne du lotus qui, naissant dans la boue (des passions), s'épanouit dans la pureté céleste, alors que le texte chinois spécifie au contraire que toute progression graduelle avance selon un mouvement de retour en arrière, que tout apprentissage consiste à atteindre un nouveau palier d'incompétence. Voir à ce sujet Cyrille Javary *Le Discours de la tortue*, *op. cit.*, p. 499 et suivantes (« Le looping brisé de l'oie des moissons »).

confirmait sa place dans la vie quotidienne, elle entraînait le déclin des débats théologiques entre écoles et de l'étude des textes.

L'invasion mongole (les Yuan)

Tout en ayant constitué sur bien des plans – techniques, littéraires, artistiques, etc. – un des sommets de la culture chinoise, la dynastie des Song fut finalement emportée par la pression constante que les peuples d'Asie centrale faisaient peser sur sa frontière terrestre. Une première vague conduite par les Jürchen conquit tout le nord de la Chine, fondant la dynastie des Jin (1115-1234) et obligeant l'empire à se réfugier au sud, dans le bassin du Yangzi. Une seconde, conduite par Kubilay Khan, petit-fils de Gengis Khan, submergea et les Jin et les Song du Sud. Plutôt que de se heurter à la Grande Muraille, Kubilay Khan contourna celle-ci et, se frayant un chemin vers le sud, commença par conquérir le Tibet avant de se rendre maître du reste de l'empire chinois et d'instaurer la dynastie des Yuan. Cette conquête eut deux conséquences encore importantes aujourd'hui : elle introduisit en Chine le bouddhisme tantrique (Vajrayana), pratiqué par les Tibétains et adopté par les Mongols, et elle lia les destins de la Chine et du Tibet, désormais tous deux simples provinces de l'empire mongol.

Les Yuan ne régnèrent sur la Chine que moins d'un siècle (de 1277 à 1367). Durant cette période, comme en témoignent les récits de Marco Polo, les composantes traditionnelles de la société chinoise faisaient chacune le gros dos. Les lettrés confucéens, refusant de servir l'occupant, déclinant les postes officiels, soit se firent commerçants, soit menèrent une vie pauvre et retirée, meublant leurs loisirs forcés par la pratique assidue des arts du pinceau, situation à laquelle on doit parmi les plus beaux tableaux de la peinture chinoise ainsi que l'apparition des romans populaires. Les communautés taoïstes, traditionnellement extérieures aux services de l'État, jouissaient d'une certaine indépendance et parfois même d'une intéressante situation financière. Quant aux monastères bouddhistes, ils continuaient à soulager les misères du peuple, profitant de leur enracinement dans la population pour faire définitivement taire le reproche de religion étrangère qui leur avait été si souvent servi.

Le renouveau Ming

Prospère à son début, l'occupation mongole devint petit à petit oppressive et suscita protestations et révoltes. Au milieu du XIVe siècle, un mouvement populaire armé renvoya les Mongols dans leurs steppes d'origine et installa à leur place la dynastie des Ming (1368-1644), dernière dynastie d'origine chinoise à régner sur le territoire de la Chine. Les premiers empereurs firent preuve d'ouverture envers le bouddhisme comme avec le taoïsme : cette période, qui vit la construction de la Cité interdite et du temple du Ciel à Pékin, fut aussi une sorte d'âge d'or pour le chan. Mais cette période d'ouverture ne dura pas longtemps : parallèlement à la reconstruction de la Grande Muraille de Chine, l'empire épousa les thèses les plus réactionnaires du néoconfucianisme et enferma la société chinoise dans une morale de plus en plus puritaine.

Les Qing et l'expansion du lamaïsme tibétain

À la fin de la dynastie des Ming, la Chine était dans un tel état de désagrégation sociale qu'il ne fallut qu'un coup d'épaule pour qu'en 1644 les Mandchous, dévalant du nord-est, en prennent possession et y instaurent la dynastie des Qing, la dernière dynastie impériale. Confrontés à un problème démographique simple – la population dont ils venaient de se rendre maîtres était cinquante fois plus nombreuse que leur propre peuple –, ils s'allièrent avec leurs cousins ethniques, les Mongols, et leurs cousins religieux, les Tibétains.

Les Mandchous pratiquaient en effet un bouddhisme tantrique très proche de celui des Tibétains. Les lamas se virent dès lors gratifiés de nombreux privilèges. En 1732, l'empereur Yongzheng, après son accession au trône, fit don de sa résidence personnelle à une communauté de moines tibétains : c'est ainsi que fut institué le temple des Lamas que visitent tous les touristes qui arrivent à Pékin, sans bien souvent s'interroger sur l'étrangeté d'un sanctuaire tibétain d'une telle importance (il compta jusqu'à trois cents moines) en plein cœur de la capitale chinoise. L'empereur Qianlong, lui, alla jusqu'à se faire construire dans le secteur ouest de la Cité interdite (actuellement fermé au public) un véritable temple tibétain, le pavillon de la Pluie de Fleurs. Peu soulignées en Occident, ces faveurs firent naître chez les Chinois un sourd ressentiment, les Tibétains étant perçus comme les « collabos » des envahisseurs mandchous, lesquels multipliaient les mesures cruelles ou vexatoires envers les Chinois, comme le port obligatoire de la natte sous peine de mort.

Le bouddhisme aujourd'hui : entre tourisme et piété

Situé à cent vingt kilomètres à l'ouest de Xi'An, le monastère de la Porte de la Loi ou Famen Si fut le théâtre d'événements stupéfiants. En août 1981, des pluies torrentielles provoquèrent dans la région d'importants glissements de terrain, notamment sous la pagode du monastère. Il se produisit alors un phénomène hors du commun : la pagode se fendit en deux et toute une moitié s'écroula. Cette chute fit apparaître une crypte oubliée depuis plus de douze siècles à l'intérieur de laquelle dormait un trésor deux fois précieux : un étonnant ensemble d'orfèvrerie, caché là vraisemblablement lors des temps troublés qui avaient suivi la chute des Tang. Parmi ceux-ci, une relique inestimable : une authentique phalange du Bouddha historique. L'importance religieuse d'une telle relique (l'Asie n'en connaît qu'une seule autre, une dent du Bouddha, au Sri Lanka) explique pourquoi ce monastère, bien que situé assez loin des grands centres, fait depuis lors l'objet de grands aménagements pour accueillir les pèlerins.

L'étage supérieur recèle deux merveilles : un bodhisattva agenouillé datant de 874 et surtout les sept coffrets gigognes qui renfermaient la précieuse phalange – ils étaient à l'origine au nombre de huit, mais le plus extérieur, en bois de santal, s'est désagrégé au moment de la découverte. Le premier, en argent doré, est orné au repoussé des Rois des Quatre Directions siégeant au cœur d'une assemblée, à la manière des souverains sassanides. À l'intérieur de celui-ci, un second, en argent massif et sans décor, en contient un troisième, traité comme le premier, mais avec une iconographie différente. Les quatre derniers sont en or : l'un gravé de scènes de prédication, deux autres incrustés de perles fines et de pierres précieuses. Le dernier enfin, dont les quatre côtés ouverts permettaient d'apercevoir la précieuse phalange, est en forme de petite pagode carrée.

« *Shaolin Kungfu* ® »

L'histoire récente du temple de Shaolin et de ses arts martiaux est emblématique de l'histoire chinoise dans son ensemble. En 1966, en pleine Révolution culturelle, les gardes rouges attaquent le monastère et emprisonnent les moines après les avoir humiliés en public. Le gouvernement vide le monastère et le laisse à l'abandon pendant des années. Pour autant, dans les années 1970, le cinéma hong-kongais et la télévision américaine s'emparent du mythe de Shaolin : la série télévisée *Kung Fu* et les films *La 36ᵉ Chambre de Shaolin*, *Retour à la 36ᵉ chambre* et *Les Disciples de la 36ᵉ chambre*, parmi bien d'autres, exportent la légende dans le monde entier. En 1981, le monastère rouvre officiellement. Une démonstration de kungfu Shaolin s'y tient, la première depuis près de vingt ans. Si le style Shaolin commence de se reconstituer, le bâtiment est en très mauvais état et ne compte plus alors que treize moines âgés qui ont survécu à la Révolution culturelle.

Cette année-là, un certain Shi Yongxin, âgé d'à peine vingt-quatre ans, prononce ses vœux et entre au monastère. Jeune homme ambitieux, travailleur infatigable et politicien habile, il prend en 1987 la tête de la commission administrative du monastère. Il organise alors des démonstrations d'une grande perfection technique, fait déposer la marque « Shaolin Kungfu » et parvient ainsi à rassembler, en une dizaine d'années, l'équivalent de quinze millions d'euros qui lui permettent de rénover entièrement les bâtiments de Shaolin. « Le cinéma nous a beaucoup aidés », concède-t-il. Signe des temps, le gouvernement s'associe au développement de la « marque » : un festival biennal est organisé à Shaolin par le gouvernement afin de promouvoir la culture chinoise et d'encourager les investissements économiques en Chine.

Conclusion

Jadis lointaine, exotique, inaccessible, la Chine, en moins d'une génération, a pris dans notre vie quotidienne une place imposante. Des mots chinois comme « yin » et « yang », sans être pour autant toujours compris dans leur signification originale, sont devenus tellement familiers que des éditorialistes politiques de renom n'hésitent pas à les employer[1]. Qu'ils soient utilisés comme parures nouvelles posées sur des idées anciennes est moins grave que ne le pensent les puristes. On peut toujours se réjouir du fait que ces noms exotiques aient acquis droit de cité, rendant les idées qu'ils expriment acceptables pour l'esprit français.

Il en va de même pour les arts physiques chinois comme le tai ji quan, le qi gong et surtout l'acupuncture : bien peu se hasarderaient aujourd'hui à railler ces pratiques qui prennent en compte l'ensemble énergétique constitué par l'union constante de l'esprit et du corps, ou même à ricaner d'une technique de soin consistant à enfoncer dans la peau des aiguilles en métal. Bien entendu, il ne s'agit pas de se convertir aux enseignements chinois, mais rien n'interdit de se demander comment nous pourrions aujourd'hui, en Occident, nous *enrichir* de l'expérience chinoise.

Le scientifique et humaniste Albert Jacquard explique par exemple que l'humain n'est pas seulement un *individu* biologiquement isolé, mais aussi et surtout une *personne* qui s'insère dans un réseau de relations interpersonnelles. Ses réflexions de généticien l'amènent à conclure que la responsabilité morale qu'implique la notion de personne « ne tombe pas du ciel, mais émerge simplement de l'ensemble des règles qui systématisent la finalité » de l'évolution de l'homme, idée qui se rapproche beaucoup de l'« enseignement » chinois – ce qui m'a conduit à le qualifier amicalement de « confucéen qui s'ignore[2] »...

Comme le dit l'académicien François Cheng, « le Chinois est un être de relations ». Un regard global sur l'enseignement des trois sagesses chinoises fait apparaître leur profonde convergence : elles sont une invite à accroître notre responsabilité, à développer notre capacité à répondre par une attitude appropriée aux situations auxquelles nous sommes chacun, chaque jour, confrontés.

Ce qui les différencie apparaît alors simplement comme une question de domaine d'application : le confucianisme, en mettant l'accent sur la responsabilité au niveau social, incite à une attitude bienveillante envers autrui ; le taoïsme, plus porté sur la responsabilité au niveau vital, se manifeste d'une manière yin par une attitude accueillante envers son corps et d'une manière yang par une attitude respectueuse envers la nature ; le bouddhisme, en soulignant l'importance de la responsabilité individuelle des actes et la nécessité d'acquérir des mérites, favorise une attitude de compassion envers toutes les formes vivantes.

Sans doute est-ce cette « répartition des tâches » qui a permis à ces trois sagesses de cohabiter si durablement et de s'enrichir mutuellement, malgré les épisodes mouvementés qui les ont opposées. Et sans doute aussi est-ce bien parce qu'il s'agit d'enseignements, de manières de vivre plutôt que de croyances absolues, que même leurs affrontements, parfois violents, n'ont jamais pris la forme de guerres de religion. Il est remarquable que la pensée traditionnelle chinoise antique, dont les versants confucéen et taoïste se répondent l'un l'autre comme yin et yang, n'ait pas éclaté à l'arrivée du bouddhisme, dont la pratique sociale et la perspective spirituelle bousculaient pourtant toutes ses valeurs traditionnelles. Alors que l'Empire romain, dans des circonstances politico-religieuses analogues (affaissement de l'autorité centrale, invasions de peuples étrangers et développement d'une religion exogène), s'est irrémédiablement effondré, la Chine a su puiser, à chaque tournant de son histoire, dans chacun des trois enseignements ce qui pouvait contribuer à sa pérennité. On peut acquérir une vue d'ensemble de cette complémentarité à travers le tableau de la page suivante.

Sortie du cauchemar de la pauvreté et des excès idéologiques du maoïsme, ayant retrouvé sa dignité dans le concert des nations, c'est toujours en s'appuyant sur sa culture millénaire que la Chine entre maintenant dans la modernité.

Fang Dongmei, un philosophe contemporain, l'exprimait ainsi : « Je suis un confucéen par tradition familiale ; un taoïste par tempérament ; un bouddhiste par inspiration religieuse et aussi un Occidental par formation[3]. » Les trois enseignements de sa vieille culture – la rectitude confucéenne, la sensibilité taoïste, l'apaisement bouddhiste –, tout en prenant des formes nouvelles, restent au cœur de son identité. Au-delà de ce qu'ils peuvent nous apporter personnellement, leur compréhension ouvre la voie à des échanges constructifs avec la singularité chinoise.

Le *confucianisme* se caractérise par l'importance accordée à :	Le *taoïsme* se caractérise par l'importance accordée à :	Le bouddhisme se caractérise par l'importance accordée à :
la vie *sociale*	la vie *naturelle*	la vie *spirituelle*
la responsabilité *politique*	la responsabilité *physique*	la responsabilité *individuelle*
l'attitude envers *les autres*	l'attitude envers *son corps et la nature*	l'attitude envers *la mort et le destin*
la *hiérarchie* et sa régulation	la *personne* et sa réalisation	la *souffrance* et sa diminution
l'*éducation*, de manière à pouvoir fonder son jugement et son action sur des bases raisonnables	la *pratique* et l'exercice, de manière à disposer le mieux possible de l'accord entre son corps et le fonctionnement naturel	la *communauté* et le réseau d'entraide mutuelle formé entre les laïcs et les moines
la *rectitude*, considérée comme l'acte juste au moment opportun, sans autre considération que la justice	la *pureté*, considérée comme un processus d'allègement des pesanteurs imposées par la vie physique et les règles sociales	la *sérénité*, considérée comme une progression vers la libération des souffrances

la *loyauté*, en tant que fondement des relations hiérarchiques à double sens : les inférieurs doivent être fidèles à leur supérieur mais celui-ci leur doit en revanche protection et loyauté	la *sensibilité*, en tant que fondement de l'affinement de la perception qui permet de mieux ressentir et d'affiner le souffle vital qui passe sans cesse du corps individuel à la nature entière et, ainsi, de mieux s'accorder aux saisons	la *douceur*, en tant que fondement de la non-violence qui doit réguler les relations qui unissent les humains entre eux ainsi qu'à l'ensemble des formes vivantes
la *poésie* et tous les arts en général (musique, peinture, jeux d'esprit et de table), considérés comme des moyens d'apaiser le cœur	l'*alchimie interne* et la *médecine naturelle*, qui ont donné naissance à tous les arts physiques (tai ji quan, qi gong, etc.), considérés comme des moyens de mieux nourrir le vivre qui nous habite	la *prière* et la *méditation*, considérées comme le seul moyen de parvenir à l'éveil, à la perception de l'illusion de la permanence d'un ego
la *politique*, en tant qu'art du savoir-vivre en bonne entente entre êtres humains.	l'*écologie*, en tant qu'art du savoir-vivre en bonne entente avec son environnement naturel.	la *psychologie*, en tant que compréhension du fonctionnement de la conscience.

Notes

Introduction

1. Claude Larre, *Les Chinois : esprit et comportement des Chinois, comme ils se révèlent par leurs livres et dans la vie, des origines à la fin de la dynastie Ming (1644)*, Lidis, 1982.

2. *Les Grands Dossiers de « L'Illustration »*, Le Livre de Paris, 1987, p. 40.

3. Claude Larre, *Les Chinois, op. cit.*, p. 196.

4. Vincent Goossaert, *Dans les temples de la Chine. Histoire des cultes, vie des communautés*, Albin Michel, 2000.

5. Claude Roy, *Clefs pour la Chine*, Gallimard, 1953.

6. Claude Larre, *Les Chinois, op. cit.*, p. 198.

7. *Lun Yu*, 17/19, traduction de Pierre Ryckmans, *Entretiens de Confucius*, Gallimard, 1987. Sauf indication contraire, nous nous référons à cette traduction, parfois en l'aménageant.

8. André Chieng, *La Pratique des Chinois. En compagnie de François Jullien*, Grasset, 2006, p. 18.

9. Kyril Ryjik, *L'Idiot chinois. Initiation à la lecture intelligente des caractères chinois*, Payot, 1984, t. II, p. 182.

10. Voir à ce sujet Cyrille Javary, *Le Discours de la tortue. Découvrir la pensée chinoise au fil du Yi Jing*, Albin Michel, 2003, p. 63 et suivantes.

Le taoïsme

1. Raconté par Patrice Serres dans *Qin. L'empire des dix mille années*, bande dessinée consacrée à Qin Shi Huangdi, Philippe Picquier, 2006.
2. François Cheng, *Entre source et nuage*, Albin Michel, 1990, p. 12.
3. Christine Barbier-Kontler, *Sagesses et religions en Chine de Confucius à Deng Xiaoping*, Bayard/Centurion, 1996.
4. Kyril Ryjik, *L'Idiot chinois*, *op. cit.*, t. I.
5. Claude Larre, *Tao Te King. Le livre de la Voie et de la Vertu*, Desclée de Brouwer, 1977 ; nouv. éd. 1994. Sauf indication contraire, les extraits du *Dao De Jing* cités dans cet ouvrage sont tirés de la traduction du père Larre. À l'image du texte chinois original, elle a la particularité de ne comporter aucun signe de ponctuation. Cependant le début d'une phrase est marqué par une initiale en majuscule et un passage à la ligne (qui sera parfois omis).
6. *Ibid.*, chap 81.
7. Pour l'explication complète des graphies traditionnelles des mots « yin » et « yang » (陰, 陽), voir Cyrille Javary, *Les Rouages du Yi Jing*, Picquier Poche, 2009.
8. *Dao De Jing*, chap. 25.
9. *Ibid.*, chap. 80.
10. Claude Larre, *Tao Te King*, *op. cit.*, texte de la quatrième de couverture.
11. Henri Michaux, *Un barbare en Asie*, Gallimard, 1984, p. 185.
12. *Dao De Jing*, chap. 62.
13. *Ibid.*, chap. 57.
14. *Ibid.*, chap. 80.
15. *Ibid.*, chap. 74.
16. *Lun Yu*, 12/19.
17. *Dao De Jing*, chap. 48.
18. *Ibid.*, chap. 18.
19. *Ibid.*, chap. 46.
20. *Ibid.*, chap. 63.
21. *Lun Yu*, 14/33.
22. *Ibid.*, 4/15.

23. *Dao De Jing*, chap. 11.
24. Jean Lévi, *Le Lao Tseu suivi des Quatre Canons de l'Empereur Jaune*, Albin Michel, 2009.
25. Claude Larre, *Tao Te King, op. cit.*, éd. 1977. Dans l'édition de 1994, ce passage devient : « Les dix mille êtres du monde / Sont le produit de ce qui a / Mais ce qui a / Est le produit de ce qui n'a pas. »
26. Lao-tseu, *Tao-tö king. La tradition du Tao et de sa sagesse*, Le Cerf, 1984.
27. Liu Kia-Hway et B. Grympas, *Philosophes taoïstes*, Gallimard, « Bibliothèque de la Pléiade », 1967, p. 636.
28. Voir à ce sujet Cyrille Javary, *L'Esprit des nombres écrits en chinois. Symbolique – emblématique*, Signatura, 2008, p. 19 et p. 42 (« L'arithmétique calligraphiée du *Laozi* »).
29. Par exemple, chapitre 2 : « Les Saints eux adoptaient la pratique du *non-agir* Et s'adonnaient à l'enseignement sans paroles » ; chapitre 3 : « Eux agissaient par le *non-agir* Et rien n'échappait à leur conduite » ; chapitre 37 : « Constante *sans agir* La Voie fait tout » ; chapitre 38 : « La vertu supérieure se tient *inactive* sans but La vertu inférieure poursuit ses fins », etc.
30. *Ibid.*, chap. 43.
31. *Ibid.*, chap. 76.
32. *Ibid.*, chap. 25.
33. Claude Larre, *Les Chinois, op. cit.*, p. 193.
34. Eulalie Steens, *Dictionnaire de la civilisation chinoise*, Le Rocher, 1996, p. 609.
35. Edward L. Shaughnessy (dir.), *La Chine. Histoire universelle*, Evergreen, 2008, p. 140.
36. *Ibid.*, p. 92.
37. Claude Larre, *Les Chinois, op. cit.*, p. 518.
38. *Ibid.*
39. *Ibid.*
40. Christine Barbier-Kontler, *Sagesses et religions en Chine, op. cit.*
41. Extrait de *La Chine au présent*, magazine gouvernemental publié à Pékin en vingt-sept langues, janvier 1994.

Le confucianisme

1. *Lun Yu*, 7/7.
2. Simon Leys (pseudonyme de Pierre Ryckmans) dans *Confucius, 2500 ans de sagesse*, *Magazine littéraire*, n° 491, nov. 2009.
3. Voir à ce sujet Cyrille Javary, *L'Esprit des nombres écrits en chinois*, *op. cit.*
4. Voir à ce sujet Jean Lévi, *Confucius*, Pygmalion, 2002.
5. *Lun Yu*, 9/7.
6. *Ibid.*, 7/19, traduction François Jullien dans *Éloge de la fadeur*, Philippe Picquier, 1991, p. 12-13.
7. *Entretiens de Confucius*, *op. cit.*, p. 139 en note explicative sur ce passage.
8. *Lun Yu*, 7/8.
9. *Ibid.*, 15/2.
10. *Ibid.*, 9/17.
11. *Ibid.*, 1/1, traduction originale. On trouve également un écho de cette dernière phrase au paragraphe 14/30 : « ne vous affligez pas de votre obscurité ; affligez-vous de votre incompétence ».
12. *Ibid.*, 20/3, traduction originale.
13. François Jullien, *Éloge de la fadeur*, *op. cit.*, p. 12.
14. *Lun Yu*, 1/15.
15. *Ibid.*, 7/8.
16. François Jullien, *Le Détour et l'Accès. Stratégie du sens en Chine, en Grèce*, Grasset, 1995, p. 251.
17. *Lun Yu*, 8/17, traduction Rémi Mathieu dans *Confucius, 2500 ans de sagesse*, *op. cit.*, légèrement différente de celle qui est donnée dans Charles Le Blanc et Rémi Mathieu, *Philosophes confucianistes*, Gallimard, « Bibliothèque de la Pléiade », 2009, p 102.
18. Jean Lévi dans *Confucius, 2500 ans de sagesse*, *op. cit.*
19. François Jullien, *Le Détour et l'Accès*, *op. cit.*, p. 252.
20. *Lun Yu*, 5/28.
21. *La Grande Étude*, trad. Martine Hasse, Le Cerf, 1984, 1/6.
22. *Lun Yu*, 14/42 (trad. d'après Pierre Ryckmans).
23. *Ibid.*, 1/4.
24. *Ibid.*, 13/3 (trad. d'après Pierre Ryckmans).
25. Michel Schneider, *L'Express*, 19 septembre 1991.

26. *Lun Yu*, 15/39.
27. *Ibid.*, 14/23.
28. *Ibid.*, 15/29.
29. *Dao De Jing*, 81.
30. *Ibid.*, 5/13.
31. *Ibid.*, 7/21.
32. *Ibid.*, 9/4.
33. *Ibid.*, 13/18.
34. Henri Michaux, *Un barbare en Asie, op. cit.*, p. 173-174.
35. *Lun Yu*, 17/3.
36. Gore Vidal, *Création*, Grasset, 1983.
37. *Ibid.*, 6/22.
38. Charles Le Blanc et Rémi Mathieu, *Philosophes confucianistes, op. cit.*, préface, p. XII.
39. *Lun Yu*, 3/12.
40. *Ibid*, 11/12 (trad. d'après Pierre Ryckmans).
41. *Ibid.*, 19/14.
42. Henri, Michaux, *Un barbare en Asie, op. cit.*, p. 165.
43. *Lun Yu*, 3/4 (trad. Anne Cheng).
44. Jean Lévi dans *Confucius, 2500 ans de sagesse, op. cit.*, mais surtout dans *Confucius* (Pygmalion, 2002; Albin Michel, 2003), où il développe une explication très fine de la manière dont Confucius s'exprime par ce qu'il appelle une « chorégraphie existentielle, gestuelle et sonore ».
45. Gore Vidal, *op. cit.*
46. Henri Michaux, *Un barbare en Asie, op. cit.*, p. 177-178.
47. *Lun Yu*, 18/8.
48. *Ibid.*, 4/10.
49. *Ibid.*, 9/3.
50. *Ibid.*, 19/11.
51. *Ibid.*, 8/4.
52. *Ibid.*, 14/3.
53. Antoine de Saint-Exupéry, *Citadelle*, Gallimard, 2000.
54. Simon Leys dans *Confucius, 2500 ans de sagesse, op. cit.*
55. *Lun Yu*, 2/3 (trad. Anne Cheng).
56. Rémi Mathieu dans *Confucius, 2500 ans de sagesse, op. cit.*
57. *Lun Yu*, 12/1.
58. *Ibid.*, 12/2.

59. *Ibid.*, 12/3 (trad. Charles Le Blanc et Rémi Mathieu). Les auteurs du volume *Philosophie confucianiste*, *op. cit.*, font remarquer dans la dernière phrase le jeu d'homophonie entre 仁 rén, le devoir d'humanité, et 認 S 认 rèn, la retenue des paroles.

60. *Ibid.*, 6/22 (trad. d'après Pierre Ryckmans).

61. *Ibid.*, 12/22.

62. *Ibid.*, 13/19.

63. *Ibid.*, 15/10 (trad. d'après Pierre Ryckmans).

64. *Ibid.*, 17/6.

65. Jean-François Billeter, *La Chine trois fois muette*, Allia, 2000.

66. *Lun Yu*, 12/25.

67. Charle Le Blanc et Rémi Mathieu, *Philosophes confucianistes*, *op. cit.*, préface, p. IX et XII.

68. *Lun Yu,* 15/24 (traduction Anne Cheng).

69. *Lun Yu,* 4/3

70. *Ibid.*, 12/17.

71. *Ibid.*, 15/30.

72. *Ibid.*, 7/22

73. *Ibid.*, 4/17.

74. *Ibid.*, 9/18. Repris quasiment à l'identique en 15/13.

75. François Jullien, *Le Détour et l'Accès*, *op. cit.*, p. 248.

76. *Ibid.*

77. *Ibid.*

78. *Ibid.*, p. 249, note.

79. *Ibid.*

80. Simon Leys, dans *Confucius, 2500 ans de sagesse*, *op. cit.*

81. *Lun Yu*, 14/1.

82. Charles Le Blanc et Rémi Mathieu, *Philosophes confucianistes*, *op. cit.*, préface.

83. Cité et traduit par Anne Cheng, *Histoire de la pensée chinoise*, Le Seuil, 1997, p. 396.

84. Voir à ce sujet Danielle Elisseeff, *La Femme au temps des empereurs de Chine*, Stock, 1988.

85. Ivan Kamenarovic, *La Chine classique*, Les Belles Lettres, « Guides Belles-Lettres des civilisations », 1999.

86. Charles Le Blanc et Rémi Mathieu, *Philosophes confucianistes*, *op. cit.*, préface.

87. *Yi Jing*, *Grand Commentaire*, 1/11, traduction littérale.

88. François Jullien, *Figures de l'Immanence. Pour une lecture philosophique du Yi Jing*, Grasset, 1993, p. 253.

89. Ivan Kamenarovic dans *Confucius, 2500 ans de sagesse, op. cit.*

90. Charles Le Blanc et Rémi Mathieu, *Philosophes confucianistes, op. cit.*, préface.

91. *Ibid.*, introduction, p. XXXVI.

92. *Ibid.*, préface.

93. Ursula Gauthier, *Le Volcan chinois*, Denoël, 1998, p. 17-18.

94. Caroline Puel, « Le grand retour de Confucius », *Le Point*, décembre 2007.

95. Belfond, 2009.

Le bouddhisme

1. Cité par Vadim et Danielle Elisseeff, *La Civilisation de la Chine classique*, Arthaud, 1987, p. 192.

2. Erik Zürcher, *Bouddhisme, christianisme et société chinoise*, Julliard, 1990, p. 24-25.

3. Christine Barbier-Kontler, *Sagesses et religions en Chine, op.cit.*, p. 147.

4. Ivan Kamenarovic, *La Chine classique, op.cit.*, p. 148.

5. *Lun Yu*, 10/11.

6. Christine Barbier-Kontler, *Sagesses et religions en Chine, op. cit.*, p. 147.

7. Catherine Bourzat, *Mythologies et imaginaire du monde chinois*, Marabout, 2008.

8. *Chine, de Pékin à Hong-Kong*, Hachette, « Guides bleus », 2007.

9. Cité par Anne Cheng, *Histoire de la pensée chinoise, op. cit.*, p. 355.

10. Fan Zhen (450-515), lettré confucéen, *De la destructibilité de l'esprit* (*Shen mie lun*), cité par Anne Cheng, *op. cit.*, p. 358.

11. Danielle Elisseeff, *La Femme au temps des empereurs de Chine, op. cit.*, p. 119-135, livre remarquable auquel ce chapitre doit beaucoup.

12. *Ibid.*

13. Il s'agit du *Saddharmapundarika Sutra*, connu en chinois sous le nom de « Soutra du Lotus de la Loi merveilleuse (*miao fa lian hua jing*) ». Eulalie Steens, *Dictionnaire de la civilisation chinoise*, *op. cit.*

14. Voir Léon Vandermeersch, *Études sinologiques*, PUF, 1994.

15. Voir Cyrille Javary, *Le Discours de la tortue*, *op. cit.*, p. 97-100.

Conclusion

1. Laurent Joffrin, directeur du journal *Libération*, titrait : « Le yin et le yang » son éditorial du 26 mai 2008.

2. Dans un article du magazine *Asia*, n° 1, novembre 2007.

3. Fang Dongmei (1899-1977), *Chinese Philosophy : its Spirit and its Development*, Taipei, Linking Publishing Co., 1981, cité par Régine Pietra, *La Chine et le confucianisme aujourd'hui*, Le Félin, 2008, p. 20.

Bibliographie

BARBIER-KONTLER, Christine, *Sagesses et religions en Chine de Confucius à Deng Xiaoping*, Bayard/Centurion, 1996.

BILLETER, Jean-François, *La Chine trois fois muette*, Allia, 2000.

BOURZAT, Catherine, *Mythologies et imaginaire du monde chinois*, Marabout, 2008.

CHENG, Anne, *Entretiens de Confucius*, Le Seuil, 1981.

CHENG, Anne, *Histoire de la pensée chinoise*, Le Seuil, 1997.

CHENG, François, *Entre source et nuage*, Albin Michel, 1990.

CHIENG, André, *La Pratique des Chinois. En compagnie de François Jullien*, Grasset, 2006.

Chine, de Pékin à Hong-Kong, Hachette, « Guides bleus », 2007.

Confucius, 2500 ans de sagesse, *Magazine littéraire* n° 491, nov. 2009.

ÉLISSEEFF, Danielle, *La Femme au temps des empereurs de Chine*, Stock, 1988.

ÉLISSEEFF, Vadim et Danielle, *La Civilisation de la Chine classique*, Arthaud, 1987

GAUTHIER, Ursula, *Le Volcan chinois. Dans les entrailles du Grand Dragon*, Denoël, 1998.

GOOSSAERT, Vincent, *Dans les temples de la Chine. Histoire des cultes, vie des communautés*, Albin Michel, 2000.

JAVARY, Cyrille J.-D., *Les Rouages du Yi Jing*, Picquier Poche, 2009.

JAVARY, Cyrille J.-D., *L'Esprit des nombres écrits en chinois. Symbolique – emblématique*, Signatura, 2008.
JAVARY, Cyrille J.-D., *Le Discours de la tortue. Découvrir la pensée chinoise au fil du Yi Jing*, Albin Michel, 2003.
JAVARY, Cyrille J.-D. et FAURE, Pierre, *Yi Jing. Le Livre des changements*, Albin Michel, 2002.
JULIEN Stanislas Aignan, *Le Livre de la voie et de la vertu, composé dans le VIe siècle avant l'ère chrétienne, par le philosophe Lao-Tseu, traduit en français et publié avec le texte chinois et un commentaire perpétuel*, 1842 (Mille et une nuits, 1996, avec postface de Catherine Despeux).
JULLIEN, François, *Éloge de la fadeur*, Philippe Picquier, 1991.
JULLIEN, François, *Figures de l'Immanence. Pour une lecture philosophique du Yi Jing*, Grasset, 1993.
JULLIEN, François, *Le Détour et l'Accès. Stratégie du sens en Chine, en Grèce*, Grasset, 1995.
KAMENAROVIC, Ivan P., *La Chine classique*, Les Belles Lettres, « Guides Belles-Lettres des civilisations », 1999.
La Chine au présent, Pékin, 1994.
LAO-TSEU, *Tao-tö king. La tradition du Tao et de sa sagesse*, Le Cerf, 1984.
LARRE, Claude, *Les Chinois : esprit et comportement des Chinois, comme ils se révèlent par leurs livres et dans la vie, des origines à la fin de la dynastie Ming (1644)*, Lidis, 1982.
LARRE, Claude, *Tao Te King. Le livre de la Voie et de la Vertu*, Desclée de Brouwer, Paris, 1977 ; nouv. éd. 1994.
LE BLANC, Charles et MATHIEU, Rémi (éd.), *Philosophes confucianistes*, Gallimard, « Bibliothèque de la Pléiade », 2009.
Les Grands Dossiers de L'Illustration, Le Livre de Paris, 1987.
LÉVI, Jean, *Confucius*, Pygmalion, 2002 ; Albin Michel, 2003.
LÉVI, Jean, *Le Lao Tseu suivi des Quatre Canons de l'Empereur Jaune*, Albin Michel, 2009.
LIOU KIA-HWAY et GRYMPAS Benedykt (éd.), *Philosophes taoïstes*, Gallimard, « Bibliothèque de la Pléiade », 1967.
MICHAUX, Henri, *Un barbare en Asie*, Gallimard, 1984.

PIETRA, Régine, *La Chine et le confucianisme aujourd'hui*, Le Félin, 2008.
ROY, Claude, *Clefs pour la Chine*, Gallimard, 1953.
RYCKMANS, Pierre (trad.), *Entretiens de Confucius*, Gallimard, 1987 ; « Folio », 2005.
RYJIK, Kyril, *L'Idiot chinois. Initiation à la lecture intelligente des caractères chinois*, Payot, 1984.
SAINT-EXUPÉRY, Antoine de, *Citadelle*, Gallimard, 2000.
SERRES, Patrice, *Qin. L'empire des dix mille années*, Philippe Picquier, 2006.
SHAUGHNESSY, Edward L. (dir.), *La Chine. Histoire universelle*, Evergreen, 2008.
STEENS, Eulalie, *Dictionnaire de la civilisation chinoise*, Le Rocher, 1996.
VANDERMEERSCH, Léon, *Études sinologiques*, PUF, 1994.
VIDAL, Gore, *Création*, Grasset, 1983.
ZÜRCHER, Erik, *Bouddhisme, christianisme et société chinoise*, Julliard, 1990.

Table

Du même auteur

Les Rouages du Yi Jing, Picquier, 2001 ; Picquier Poche, 2009.

L'Esprit des nombres écrits en chinois. Symbolique – emblématique, Signatura, 2008.

100 mots pour comprendre les Chinois, Albin Michel, 2008.

La Chine nouvelle : être riche est glorieux, Larousse, 2006.

Fan Zeng, *Le Vieux Sage et l'Enfant* (textes), Albin Michel, 2005.

Le Discours de la tortue. Découvrir la pensée chinoise au fil du Yi Jing, Albin Michel, 2003.

Yi Jing, le Livre des changements, traduit du chinois, commenté avec Pierre Faure, Albin Michel, 2002.

Les Rouages du Yi Jing (principes d'utilisation du *Yi Jing*), Picquier, 2001.

« L'écrire étincelant », préface de *L'Unique Trait de pinceau*, de Fabienne Verdier, Albin Michel, 2001.

La Cité Pourpre interdite (visite yin yang du palais impérial de Pékin), illustré par Patrice Serres, Picquier, 2001.

L'Encyclopédie des religions, dir. Ysé Tardan-Masquelier et Frédéric Lenoir, contributions : « Origine et création », « Le culte des ancêtres », « La notion de Dao », « Les religions chinoises et le communisme, ruptures et continuités », « Les rites funéraires chinois », « Présentation générale du *Yi Jing* », Bayard Éditions, 1997 ; rééd. 2000.

Confucius (pour les enfants de 10 à 13 ans), illustrations de Frédéric Clément, Éd. La Joie de lire, Genève, 1997 (épuisé).

Les Mutations du Yi Jing, dir. de Cyrille J.-D. Javary, Albin Michel, « Question de » n° 98, 1994.

Les Mots du Yi Jing, traduction mot à mot du texte chinois, en collaboration avec le centre DJOHI, Albin Michel, « Question de » n° 98 bis, 1994 (épuisé).

Yi Jing, le sens originel du Livre des mutations, de K. Huang, traduit de l'anglais en collaboration avec K. Mc Elhearn, Dangles, 1993.

Les Voyages de la spirale. Itinéraires d'un motif chamanique au long de l'Eurasie, en collaboration avec R. Percheron, *Revue française de yoga*, nouvelle série, n° 7, 1992.

Le Yi Jing en dessins (bande dessinée), de Tan Xiaochun et Li Dianzhong, traduit du chinois en collaboration avec Wang Dongliang, Éd. de la Librairie You Feng, Paris, 1992.

Le Yi Jing, grand livre du yin et du yang, Le Cerf, « Bref », n° 20, 1989.

Étude sur l'origine du Yi Jing, Éd. du Cercle sinologique de l'Ouest, Rennes, 1985 (épuisé).

Composition Nord Compo
Impression : Imprimerie Floch, mai 2010
Éditions Albin Michel
22, rue Huyghens, 75014 Paris
www.albin-michel.fr

ISBN 978-2-226-20754-8
N° d'édition : 17218/01 – N° d'impression : 76696.
Dépôt légal : juin 2010.
Imprimé en France.